Presentada a:

Por:

Fecha:

ISBN 0-88070-724-0

Categoría: Niños

Este libro fue publicado en inglés con el título
The Beginners's Bible
por Questar Publishers, Inc.

Edición en idioma español
EDITORIAL VIDA
Deerfield, Florida 33442-8134

LA BIBLIA
PARA
PRINCIPIANTES

HISTORIAS BÍBLICAS PARA NIÑOS

Narradas por KARYN HENLEY
Ilustradas por DENNAS DAVIS

Índice

Personajes favoritos, temas e historias

HISTORIAS
DEL
ANTIGUO TESTAMENTO

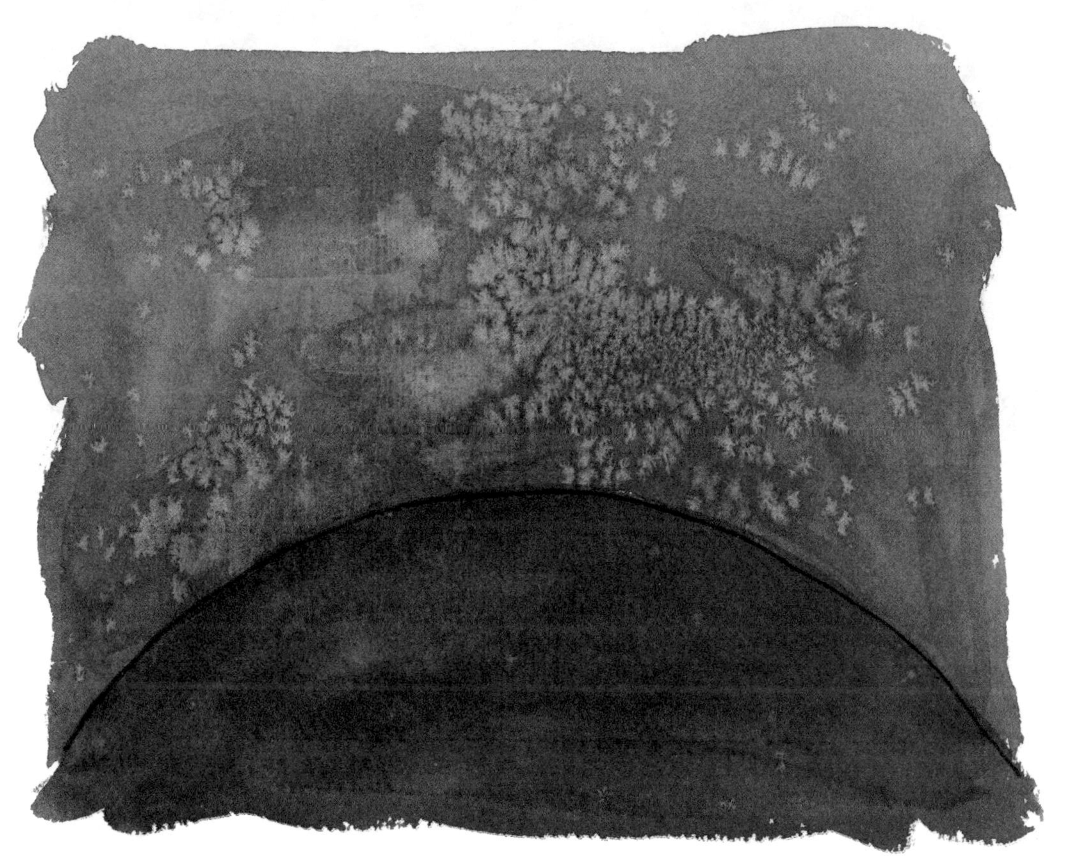

El principio

En el principio, la tierra estaba vacía.
La oscuridad lo cubría todo.
Pero Dios estaba allí, y Él tenía un plan.

LA CREACIÓN, de Génesis 1

“Sea la luz”, dijo Dios.
Y de repente brilló la luz
en todas partes.
Dios llamó “día” a la luz.
A la oscuridad llamó “noche”.
Con la luz y la oscuridad, pasó el primer día.

El segundo día Dios dijo:
“Haya un gran espacio.”
Se formó el espacio, profundo y alto.
Dios llamó al espacio “cielo”.

Dios hizo ríos y mares el tercer día.
Formó las montañas y los desiertos,
las islas y las playas.
Plantó árboles grandes, hierbas que se mecen,
y flores de todo color.

Cuando llegó el cuarto día,
Dios puso luces en el cielo.
El sol ardiente para el día.
La luna y las estrellas para la noche.

En el quinto día, Dios llenó las aguas de peces de todas formas y tamaños. También hizo los pájaros para que volaran por el aire.

Dios hizo animales en el sexto día.
Animales cubiertos de pelo, animales suaves
y animales con escamas.
Y ese mismo día, Dios hizo al hombre.
Cuando terminó, Dios vio que todas las cosas
que había hecho eran muy buenas.
Y en el séptimo día descansó.

El ayudante especial

Adán fue el hombre que Dios hizo.
Él tenía un trabajo muy importante.
Le puso nombre a todos los animales.

ADÁN Y EVA, de Génesis 2

Había muchos animales maravillosos.
Pero Adán se sentía solo.
“No es bueno que Adán
esté solo”, dijo Dios.
Así que Dios hizo . . .

una mujer.
Adán la llamó Eva.
Eva era la ayuda especial
que Adán necesitaba.

Un día triste

Ahora Adán y Eva vivían
en el hermoso jardín del Edén.
En todos los árboles
crecían frutas deliciosas.
Dios les dijo a Adán y a Eva que podían
comer cualquier fruta que quisieran,
menos una fruta especial.
— Nunca coman de la fruta del·árbol del
conocimiento del bien y del mal — les dijo Dios.

SALIENDO DEL HUERTO, de Génesis 3

Un día una serpiente se acercó a Eva.
La serpiente le dijo:
— ¿Ves lo hermosa que es la fruta
del árbol del conocimiento del bien y del mal?
Tiene buen sabor y los hará sabios.
No hagan lo que Dios les ha dicho.
¡Prueben la fruta!

La fruta se veía muy rica,
así que Eva la probó.
Luego le dio la fruta a Adán,
y él también comió,
aunque sabía lo que Dios había dicho.

Aquella tarde Dios caminó por el huerto.
Adán y Eva trataron de esconderse.
— Adán, ¿dónde estás? — preguntó Dios.
— Estoy escondido, porque tenía miedo — dijo Adán.
Entonces Dios le preguntó:
— ¿Comiste de la fruta prohibida?

— Eva comió primero — dijo Adán.

— La serpiente me dijo que seríamos sabios — dijo Eva —. Por eso comí.

Dios se puso triste al oír eso.

— Tendrás que arrastrarte sobre tu pecho — le dijo Dios a la serpiente. A Adán y a Eva les dijo:
— Tendrán que salir del huerto porque han sido desobedientes.

Fue un día triste cuando Adán y Eva se fueron.
Dios envió un ángel al huerto.
El ángel tenía una espada encendida.
Movía la espada
para que nadie volviera al huerto.

El primer arco iris

Muchos años pasaron después
que Adán y Eva salieron del huerto.
La gente comenzó a olvidarse de Dios,
y las personas comenzaron a hacer cosas malas.
Había un solo hombre bueno.
Su nombre era Noé.

EL ARCA DE NOÉ, de Génesis 6-9

“Siento haber hecho al hombre — dijo Dios —.
Comenzaré de nuevo.”
Dios le dijo a Noé que hiciera un barco grande llamado “arca”.
Dios le mostró a Noé exactamente cómo hacerla.

Cuando Noé terminó de hacer el arca,
Dios le dijo que pusiera
animales dentro del arca.
Noé obedeció a Dios.
Puso animales de cada clase en el arca.
Entonces Dios cerró la puerta.

Pronto la lluvia comenzó a caer.
Las gotas de agua hicieron pozos pequeños,
luego pozos más grandes.
Los pozos más grandes
se convirtieron en arroyos, luego en ríos
y después en grandes mares.

Pronto toda la tierra estaba cubierta de agua.
El arca subía y bajaba sobre las olas.
Pero Noé y su familia y todos los animales
estaban seguros dentro del arca.

Un día dejó de llover.
Noé abrió la ventana del arca
y vio agua dondequiera.
Entonces envió una paloma a volar
y a buscar tierra; pero la paloma regresó.
No pudo encontrar un lugar para descansar.
La próxima vez que Noé envió la paloma,
la paloma trajo una hoja de olivo.
El agua estaba bajando.
La próxima vez, la paloma no regresó.
Era tiempo de salir del arca.

El arca se detuvo en la cumbre de una montaña.
Noé y su familia y todos los animales
salieron del arca.
Noé le dio gracias a Dios por mantenerlos seguros.
Entonces Dios puso un bello arco iris en el cielo.
Era la promesa de Dios que el agua
nunca más cubriría toda la tierra.

Una torre alta

Cuando el mundo era nuevo,
toda la gente hablaba el mismo idioma.
Las personas tenían una palabra
que quería decir "hola",
una palabra para "hambre",
y una palabra para "cansado".
Todos podían hablar y entenderse unos a otros.

LA TORRE DE BABEL, de Génesis 11

Un día mientras hablaban,
tuvieron una idea y dijeron:
"Hagamos algunos ladrillos
y edifiquemos una torre alta.
Vamos a hacerla tan alta que llegue al cielo.
Entonces todos dirán que somos
el pueblo más grande del mundo."

Pero Dios no quería que hicieran la torre.
Vio que la gente era egoísta y orgullosa.
Así que le dio a cada persona
un idioma diferente.
Cuando una persona le hablaba a otra,
todas sus palabras eran nuevas y diferentes.

Las personas estaban confundidas.
No se podían entender unas a otras.
Ya no podían cooperar más.
Así que dejaron de construir su torre.
Llamaron “Babel” a la torre sin terminar,
porque Dios confundió sus idiomas allí.

Una tierra nueva

Había una vez un hombre bueno llamado Abraham.
Dios tenía un plan especial para él.
Le dijo que se mudara a una tierra nueva.

ABRAHAM, de Génesis 12-17

Así que Abraham salió del lugar donde vivía.
Empacó todo lo que tenía.
Su tienda, sus platos y su ropa.
Reunió todos sus animales
y se fue a la tierra nueva
que Dios le mostró.

Sara, la esposa de Abraham, y su sobrino Lot, fueron con él.
Abraham y Lot también llevaron ayudantes para que cuidaran sus animales.

Pero hubo un problema.
Los ayudantes de Abraham y los ayudantes de Lot
siempre estaban peleando.
Entonces Abraham le dijo a Lot:
— Vivamos en paz.
Toma a tus ayudantes y escoge
un nuevo lugar para vivir.
Yo tomaré mis ayudantes
y me mudaré a una tierra diferente.

Lot escogió primero.
Él escogió la tierra que era mejor.
Tenía mucha agua y hierba
para sus animales.

Abraham mudó sus animales y su familia.
Levantó sus tiendas de campaña
cerca de los árboles grandes en Hebrón.

Dios le hizo una promesa a Abraham.
Esta fue la promesa:
“Tendrás tantos hijos, nietos y bisnietos
que nadic podrá contarlos.
Y toda la tierra que ves ahora
será tuya.”

La promesa

Un día muy caluroso, Abraham estaba
sentado al lado de su tienda de campaña.
Miró y vio tres hombres
que estaban de pie cerca de allí.
Se puso tan contento de tener visitantes
que corrió hacia ellos.
Les pidió que se quedaran a comer.

EL NACIMIENTO DE ISAAC, de Génesis 18 y 21

Entonces Abraham corrió a su tienda de campaña.
— Rápido, Sara — dijo Abraham —.
Haz panes de harina.
He invitado a mis visitantes a comer.

Sara preparó comida rica para los visitantes.
Mientras estaban comiendo,
los hombres les dieron una sorpresa.
— El año que viene tú y Sara van a tener
un varoncito — le dijeron a Abraham.

Eso era una sorpresa,
porque Abraham y Sara no podían tener hijos.
Eran ya muy ancianos para tener un hijo.
Sara estaba escuchando en la tienda de campaña.
Cuando oyó lo que los hombres dijeron,
Sara se rió.
Ella no les creyó.

Entonces Dios dijo: “¿Por qué se rió Sara?
¿Es esto demasiado difícil para el Señor?”
Y Dios cumplió su promesa.
Aunque Abraham y Sara eran ancianos,
Dios les dio un hijito.
Lo llamaron Isaac.

Una esposa para Isaac

Cuando Isaac creció,
Abraham quería que se casara.
Abraham llamó a un criado y le dijo:
— Vuelve a la tierra de donde vinimos.
Trae de allá una esposa para Isaac.

REBECA, de Génesis 24 y 25

El criado llevó diez camellos.
Hizo un viaje largo.
Una noche llegó al pueblo de Nacor.
Se detuvo junto a un pozo
y le pidió a Dios que lo ayudara.
El criado de Abraham oró:
“Cuando las jóvenes vengan a buscar agua al pozo,
muéstrame la que tú quieres para Isaac.
Haz que ella me dé agua,
y que también les dé agua a mis camellos.”

Una joven llegó al pozo,
llevando un cántaro de agua.
Su nombre era Rebeca.
El criado le pidió agua.
Ella le dio agua y dijo:
— También les daré agua
a tus camellos.

El criado le dio gracias a Dios.
Sabía que esta era la joven
que Dios había escogido.
Él le dio un anillo y dos brazaletes.
Aquella noche, le preguntó al papá de Rebeca
si ella podía casarse con Isaac.
El papá de Rebeca dijo que sí.

Así que al día siguiente,
Rebeca se fue con el criado de Abraham.
Isaac amó a Rebeca.
Entonces Isaac y Rebeca se casaron.
Ellos tuvieron gemelos llamados Esaú y Jacob.

La bendición

Isaac se puso anciano.
Él ya no veía.
Entonces llamó a Esaú y le dijo:
— Quiero darte una bendición especial,
para que tú seas un líder.
Hazme algunos de mis platos favoritos.
Luego, ven y te bendeciré.

ISAAC BENDICE A JACOB, de Génesis 27

Rebeca oyó lo que Isaac le dijo a Esaú.
Dios le había dicho a Rebeca que Jacob sería el líder.
Así que Rebeca quería que Jacob
tuviera la bendición.
Ella cocinó el plato favorito de Isaac.
Luego cubrió los brazos de Jacob con piel de cabras
para que él fuera velloso como Esaú.

Jacob se hizo pasar por Esaú.
Él le llevó el alimento a Isaac.
Isaac tocó los brazos vellosos de Jacob.
Pensó que era Esaú,
y bendijo a Jacob.

El sueño de Jacob

Esaú estaba furioso cuando supo que Isaac
le había dado a Jacob la bendición.
Así que Rebeca envió a Jacob lejos por un tiempo.
Jacob caminó y caminó.
Cuando fue de noche, se detuvo a descansar.
Una piedra le sirvió de almohada.

LA ESCALERA AL CIELO, de Génesis 28

Mientras dormía, tuvo un bello sueño.
En su sueño, vio una escalera
que llegaba de la tierra al cielo.
Ángeles subían y bajaban
por la escalera.
Dios estaba en lo alto de la escalera.
"Estoy cuidando de ti — le dijo Dios —.
Estaré contigo dondequiera que vayas."

Cuando Jacob despertó, dijo:
“Ahora sé que Dios está conmigo.”
Tomó la piedra que había usado de almohada,
y la levantó.
Llamó a aquel lugar Betel.
Dejó la piedra allí
como recuerdo de su sueño.

Una gran familia

Jacob viajó muy lejos a la casa de su tío.
Trabajó para su tío, cuidando ovejas.
Mientras estaba allí,
Jacob se casó y tuvo doce hijos.
La familia de Jacob vivió
en la finca de su tío durante muchos años.
Pero Jacob quería regresar a su hogar.

JACOB REGRESA, de Génesis 29-33

Un día Jacob reunió todos sus animales,
su familia y todo lo que él tenía.
Viajaron de regreso
al país donde vivía Esaú.

Jacob tenía miedo que Esaú
todavía estuviera enojado con él.
Así que le envió regalos a Esaú.
Envió criados que le dijeron:
"Por favor, no sigas enojado."

Pero Esaú no estaba enojado.
Corrió hacia Jacob.
Lo abrazó y lo besó.
Se sintió feliz al ver otra vez a su hermano.

El soñador

Jacob vivía en la tierra de Canaán.
Tenía doce hijos.
José era uno de sus hijos.
Jacob amaba a José
más que a todos sus otros hijos.

JOSÉ VENDIDO PARA SER ESCLAVO, de Génesis 37

Un día Jacob le dio a José una túnica nueva.
Era una túnica muy bonita.
La túnica era de muchos colores.
Pero los hermanos de José sintieron envidia.
Ellos también querían tener nuevas túnicas.
Estaban muy enojados.

José también tuvo un sueño especial.
Se lo contó a sus hermanos.
— En mi sueño juntábamos manojos de grano.
Mi manojo estaba derecho — dijo José —.
Los manojos de ustedes se inclinaban hacia el mío.

José tuvo otro sueño.
— El sol, la luna y once estrellas
se inclinaban hacia mí — dijo.
A sus hermanos no les gustó el sueño
y sintieron envidia.

Ellos querían deshacerse de José.
Así que lo vendieron a unos comerciantes
que estaban viajando a tierras lejanas.
Los comerciantes llevaron a José a Egipto.
Pero Dios seguía cuidando a José.

Un mensaje secreto

José pasó un tiempo difícil en Egipto.
Aunque José era bueno,
lo metieron en la cárcel.
Pero Dios estaba con José.
El carcelero quería a José
y lo dejó cuidar a los otros prisioneros.
Uno de los prisioneros era jefe de los coperos.
Antes de estar en la cárcel,
su trabajo era servirle el vino
al rey de Egipto.

JOSÉ Y EL SUEÑO DE FARAÓN, de Génesis 39-41

Una noche el copero tuvo un sueño.
Soñó que le estaba llevando el vino al rey.
El copero le contó a José su sueño.
— Eso quiere decir que pronto saldrás de la cárcel — le dijo José —. Volverás de nuevo a tu trabajo.

El copero salió de la cárcel.
José le pidió que se acordara de él.
También quería que el copero
lo ayudara a salir de la cárcel.
Pero el copero se olvidó de José.

Una noche el rey tuvo un sueño.
Soñó que siete espigas llenas y hermosas
crecían de un solo tallo.
Luego salieron siete espigas menudas y secas.
Esas se comieron las siete espigas llenas y hermosas.

El rey tuvo otro sueño.
Soñó que había siete vacas gordas.
Pero siete vacas flacas se las comieron.
Los sueños preocuparon al rey.

Les preguntó a sus hombres sabios el significado del sueño; pero ellos no lo sabían.
Entonces el copero se acordó de José
y le habló al rey de José.

El rey mandó a buscar a José.
“Tu sueño quiere decir que Egipto va a tener siete años de abundancia — le dijo José —. Habrá alimento abundante para comer. Después habrá siete años de escasez. No crecerá ningún alimento.”
El rey notó que José era sabio. Así que lo nombró gobernador de Egipto.

Una visita de sorpresa

José le ayudó a la gente a guardar su alimento
durante los siete años de abundancia.
Entonces llegaron los años difíciles,
y no había alimento.
La gente comió el alimento que había guardado.
No había alimento en Canaán,
donde vivía la familia de José.
Pero oyeron que en Egipto había alimento.
Así que sus hermanos fueron a Egipto.
No sabían que José les vendería alimento.

JOSÉ Y LA FAMILIA SE REÚNEN, de Génesis 42-46

Los hermanos de José le hicieron reverencia.
Pero no sabían que era su hermano.
José sí sabía quiénes eran ellos.
Pero no les dijo que él era José.
Cuando le pidieron alimento,
les vendió lo que necesitaban.

Los hermanos regresaron a la casa.
Pero al poco tiempo
necesitaron más alimento.
Tenían que volver a donde estaba José.
Entonces volvieron a hacerle reverencia.
En esta ocasión, José les dijo
que él era su hermano.

Lo que José había soñado se hizo realidad.
Ahora sus hermanos le tenían miedo,
porque no se habían portado bien con él.
“No tengan miedo — les dijo José —.
Dios lo ha cambiado todo para bien.”

José besó a todos sus hermanos.
Ellos volvieron a su casa.
Le dijeron a su papá que José estaba bien.
Entonces toda su familia se mudó a Egipto
para estar cerca de José.

Una canasta barco

José envejeció y murió en Egipto.
Muchos años más tarde,
un nuevo rey comenzó a gobernar.
Él no sabía nada acerca de José.
A él no le gustaba la familia de José.
El rey les hizo trabajar duro.
Ni siquiera quería que tuvieran hijos.
A las personas de la familia de José
se les llamaba israelitas.
Los israelitas le tenían miedo al rey malo.

EL NIÑO MOISÉS, de Éxodo 1 y 2

Una mujer israelita tuvo un hijo.
Ella quería esconderlo del rey,
así que hizo una canasta especial.
La canasta podía flotar.
Ella puso al niño en la canasta.
Luego llevó la canasta al río
y la dejó flotando en el agua.

La hermana del niño se escondió
a la orilla del río para observar.
Vio a la hija del rey, la princesa,
llegar al río.
La princesa vio la canasta.
Abrió la canasta y encontró al niño.
A la princesa le gustó el niño.
Quería que fuera su propio hijo.

La hermana del niño se acercó a la princesa.
— ¿Quieres a alguien para que cuide
a este niño? — le preguntó.
— Sí — dijo la princesa.
Así que la hermana corrió a buscar a su mamá
para que ella cuidara al niño.

La mamá del niño lo cuidó muy bien.
Cuando el niño estuvo lo bastante grande
se lo llevó a la princesa.
La princesa le puso por nombre Moisés.
Moisés creció en el palacio.

El arbusto ardiente

Cuando Moisés creció, salió del palacio.
No le gustaba que el rey hiciera trabajar
tan duro al pueblo de Dios.
Moisés se fue a otra tierra.
Allí fue pastor de ovejas.

DIOS ENVÍA A MOISÉS, de Éxodo 3 y 4

Un día mientras estaba cuidando las ovejas,
vio un arbusto cubierto de fuego.
Pero el arbusto no se quemaba.
Cuando se acercó para ver el arbusto,
Dios lo llamó y le dijo:
"Moisés, quiero que vayas al rey.
Dile que deje a mi pueblo salir de Egipto."

Moisés tenía miedo.
Pero Dios le dijo: "Yo estaré contigo.
Te prometo que sacaré
a mi pueblo de Egipto.
Y los llevaré a una tierra especial."
Pero Moisés todavía tenía miedo.

Así que Dios le dijo: "Tira al suelo
la vara que tienes en tu mano."
Moisés la tiró al suelo.
Y la vara se convirtió en una culebra.

“Tómala de nuevo”, dijo Dios.
Entonces Moisés la levantó.
Volvió otra vez a ser una vara.
“Usaré señales como ésta para mostrarle
al rey que yo estoy contigo”, dijo Dios.

Así que Moisés volvió a Egipto.
Le dijo al pueblo de Dios
que Dios los iba a sacar de allí.
Dios los iba a llevar a una tierra nueva.

Tiempos difíciles para Egipto

Moisés fue al rey de Egipto y le dijo:
“Dios quiere que dejes ir a su pueblo.”
Pero el rey dijo que no.

DIEZ PLAGAS, de Éxodo 5-11

Así que Dios transformó toda el agua en sangre.
Nadie podía tomar el agua.
Pero el rey no dejaba ir al pueblo de Dios.

Dios hizo que toda la tierra se llenara de ranas.
Había ranas en todo lugar.
“Haz que las ranas se vayan — dijo el rey —.
Entonces el pueblo de Dios se podrá ir.”
Pero cuando Dios hizo que se murieran las ranas,
el rey dijo que el pueblo no se podía ir.

Dios hizo que la tierra se llenara de mosquitos.
Los mosquitos atacaban
a la gente y a los animales.
Pero el rey no dejaba ir al pueblo de Dios.

Entonces Dios envió moscas a Egipto.
Las casas estaban llenas de moscas.
Y la tierra estaba cubierta de moscas.
"El pueblo se puede ir — dijo el rey —,
¡pero que desaparezcan las moscas!"
Así que Dios se llevó las moscas.
Pero el rey dijo que el pueblo no se podía ir.

Entonces Dios le dijo al rey:
“Tus vacas, caballos y asnos se van a enfermar.”
Y eso fue lo que ocurrió.
Todos los animales se enfermaron.
Pero el rey todavía no los dejaba ir.

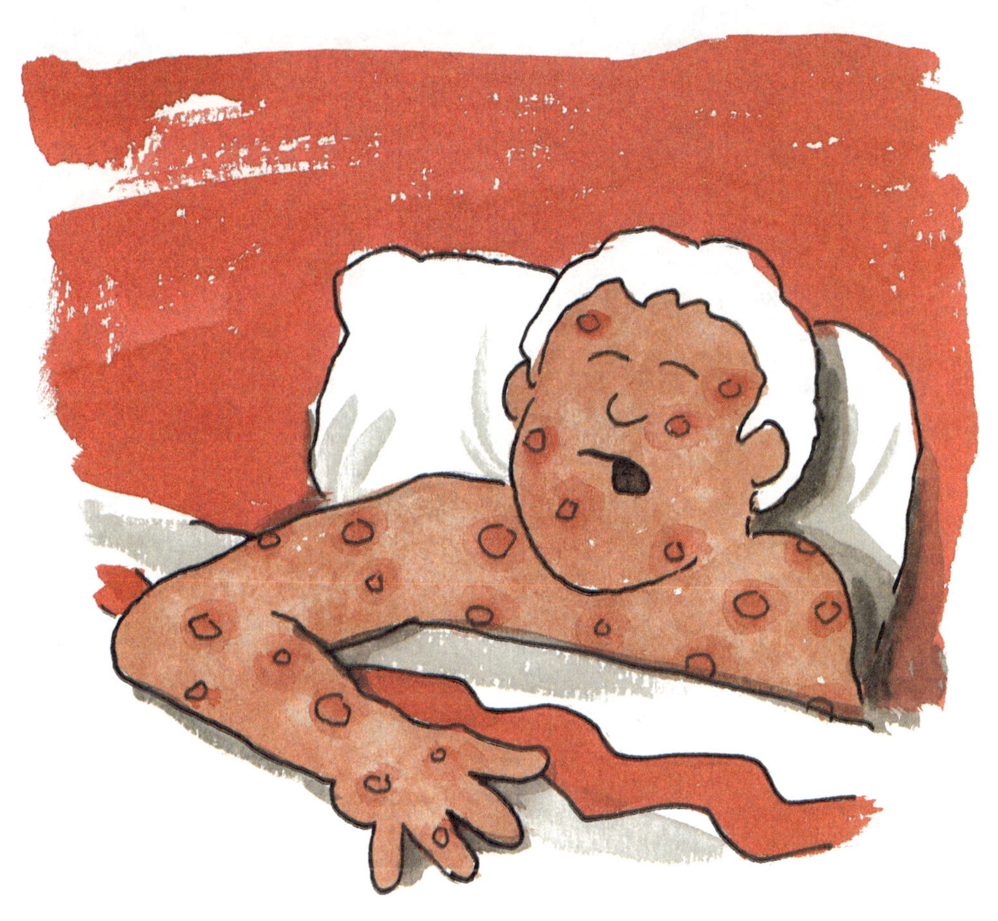

Así que Dios mandó una enfermedad.
El pueblo de Egipto tenía llagas en el cuerpo.
Pero el rey no dejaba ir al pueblo de Dios.

Entonces Dios envió
una tormenta de granizo.
El granizo azotó todo lo que estaba
creciendo en los campos.
El rey dijo: “¡Ya basta!”
Pero cuando vio que se acabó el granizo, dijo:
“Ustedes no se pueden ir.”

Así que Dios envió langostas sobre todo Egipto.
Cubrieron la tierra hasta que se puso negra,
y se comieron el fruto de los árboles.
"Haz desaparecer estas langostas
y se pueden ir", le dijo el rey a Moisés.
Pero cuando las langostas desaparecieron,
otra vez el rey cambió de parecer.

Entonces Dios envió tinieblas para cubrir la tierra.
Aun durante el día, estaba oscuro.
Nadie podía ver nada.
Nadie podía salir de su casa.
Aun así el rey no los dejaba ir.

Entonces Dios dijo: “El hijo mayor de cada familia de Egipto, morirá; pero mi pueblo estará seguro.”
Ocurrió tal como Dios dijo.
Aquella noche, el rey llamó a Moisés y le dijo: “¡Váyanse!”
Así que el pueblo de Dios tomó todo lo que tenía y salió de Egipto.

Se abre el mar

Dios sacó al pueblo de Egipto.
Los guió con una nube durante el día
y en la noche con una columna de fuego.
Él los llevó a la orilla del mar.
El rey de Egipto envió su ejército
a perseguir al pueblo de Dios.
Los israelitas tenían miedo.
El ejército los estaba persiguiendo; pero no podían
huir porque el mar estaba frente a ellos.
"No tengan miedo — les dijo Moisés —.
Dios va a cuidar de nosotros."

CRUZANDO EL MAR ROJO, de Éxodo 14 y 15

Dios sí los cuidó.
Aquella noche, Dios envió un viento fuerte
y abrió paso en el mar.
Entonces el pueblo de Dios
pudo caminar a través del mar.
A ambos lados tenían murallas de agua.
¡El pueblo de Dios
cruzó el mar por tierra seca!

El ejército del rey trató de seguir
al pueblo de Dios.
El ejército trató de cruzar el mar.
Pero las aguas se juntaron de nuevo.
El mar cubrió a todo cl ejército.
Dios salvó a su pueblo
y todos le cantaron un cántico de alabanza.

Maná, codornices y agua

El pueblo de Dios hizo un viaje largo.
Las personas comenzaron a quejarse.
Dijeron que no tenían suficiente alimento.
Así que Dios les envió alimento.
Aquella tarde, para la cena,
llegaron codornices que ellos comieron.
Y para el desayuno, encontraron algo
dulce sobre el suelo.
Lo llamaron maná.

DIOS CUIDA DE SU PUEBLO, de Éxodo 16 y 17

Los israelitas seguían viajando.
Dondequiera que iban, Dios les daba maná.
En un lugar adonde llegaron,
no había agua.
Los israelitas se quejaron otra vez.
— Danos agua — le dijeron a Moisés.

Moisés le preguntó a Dios qué debía hacer.
Dios le mostró una roca bien grande.
Le dijo que golpeara la roca con su vara.
Moisés hizo lo que Dios le dijo.
Y salió agua de la roca.
El pueblo de Dios bebió todo lo que quiso.

Mandamientos de Dios

Un día los israelitas acamparon
cerca de una montaña.
Dios le dijo a Moisés que subiera a la montaña.
Él quería hablar con Moisés.
La montaña tembló, y una nube densa la cubrió.
Hubo truenos y relámpagos.
Dios había venido a la montaña en la nube.

Moisés subió a la montaña.
Allí Moisés habló con Dios.
Dios le dio mandamientos
para su pueblo.
Dios dijo: "No matarás.
No hurtarás.
Respeta a tu padre y a tu madre."
También le dio muchos otros mandamientos.

Dios también le dijo a Moisés
que construyera una casa de adoración.
Los israelitas la construyeron
tal como Dios le había dicho a Moisés.
Llamaron a la casa “tabernáculo”.
La nube que los dirigía cubrió el tabernáculo.
Cuando la nube se movía, la seguían.
Y llevaban el tabernáculo.
Cuando la nube se detenía,
ellos se detenían.

Doce espías

Al fin el pueblo de Dios
llegó a la tierra que Dios les había prometido.
"Envíen algunos hombres a la tierra — dijo Dios —,
para que vean cómo es."
Así que Moisés escogió doce hombres.
"Entren a la tierra — les dijo —.
Luego regresen para decirnos cómo es;
si es buena o mala.
¿Es la gente fuerte o débil?"

EXPLORANDO CANAÁN, de Números 13 y 14

Los hombres fueron a la tierra nueva
y trajeron algunas frutas de muestra.
— Es una tierra buena — dijeron ellos —,
pero el pueblo es fuerte.
Van a pelear contra nosotros y nos van a ganar.
Los israelitas tenían miedo.
— No podemos tomar la tierra — dijeron.

Josué y Caleb dijeron:
— No tengan miedo. Dios está con nosotros.
Pero el pueblo no los escuchaba.
Entonces Dios se enojó con su pueblo.
Los israelitas no creían que Él los iba a ayudar.
Así que Dios dijo:
— No pueden tomar la tierra todavía.
Tendrán que viajar por cuarenta años más.
Y eso fue lo que hicieron.

Un asno que habló

Dios hizo fuerte a su pueblo.
Otros países les tenían miedo.
El rey de Moab tenía miedo.
Él quería pelear contra el pueblo de Dios.
Pero quería estar seguro de que iba a ganar.
Así que habló con Balaam.
Balaam sabía bendecir o maldecir.
Cuando él bendecía, o decía cosas buenas,
pasaban cosas buenas.
Cuando maldecía, o decía cosas malas,
pasaban cosas malas.
El rey de Moab dijo que le pagaría a Balaam
para que maldijera al pueblo de Dios.

LA BENDICIÓN DE BALAAM, de Números 22-24

Aquella noche, Dios le habló a Balaam.
Le dijo que no maldijera a su pueblo.
Pero Balaam fue a encontrarse con el rey.
Un ángel se paró en el camino para detenerlo.
Balaam no lo vio, pero su asno sí.
El asno se salió del camino a un campo.
Balaam se enojó y le pegó al asno.

El asno se recostó contra un muro.
Balaam le volvió a pegar a su asno.
Entonces el asno se tiró al suelo.
Y Balaam le pegó al asno de nuevo.
¡Entonces el asno habló!
— ¿Por qué me pegas? — dijo el asno.
— Tú te has burlado de mí — dijo Balaam.
En ese momento,
Balaam vio al ángel.
Balaam le hizo reverencia.

— ¿Por qué le pegaste a tu asno? — dijo Dios —.
Envié mi ángel a detenerte.
No estás haciendo lo correcto.
— He pecado — dijo Balaam —. ¿Quieres
que vuelva a mi casa?
— Ve, pero tienes que bendecir
a mi pueblo — le dijo Dios.
Así que Balaam fue a donde estaba el rey.
Pero bendijo al pueblo de Dios
en vez de maldecirlo.

Caen los muros

Dios le dio a su pueblo un nuevo líder.
Su nombre era Josué.
Él llevó al pueblo de Dios a la tierra nueva
que Dios le había prometido.
La primera ciudad dondc llcgaron era Jericó.
Tenía grandes muros a su alrededor.
Josué envió a dos hombres para ver cómo era Jericó.

JOSUÉ EN JERICÓ, de Josué 6

El rey de Jericó supo que los hombres
estaban en su ciudad.
Quería capturarlos.
Ellos fueron a la casa de una señora
llamada Rahab.
Ella los escondió en la terraza.
Los hombres del rey no pudieron encontrarlos.

La casa de Rahab era parte del muro de la ciudad.
Cuando oscureció, ella bajó a los dos hombres
por su ventana con una soga.
Ellos le prometieron que más tarde le ayudarían,
porque ella los había ayudado.

La ciudad de Jericó era fuerte.
Pero Dios le dijo a Josué cómo tomarla.
Él hizo tal como Dios le dijo.
Marchó con su ejército alrededor de la ciudad,
una vez cada día durante seis días.
Al séptimo día marcharon
alrededor de la ciudad siete veces.

Los sacerdotes tocaron sus trompetas.
El pueblo gritó y cayeron los muros
alrededor de Jericó.
Los dos hombres corrieron a la casa de Rahab.
Le ayudaron a salir de la ciudad.
Entonces Rahab y su familia
vivieron con el pueblo de Dios.

Trompetas y antorchas

Después que el pueblo de Dios se mudó a su nueva tierra, llegaron muchos enemigos a pelear contra ellos. Dios escogió a Gedeón para guiar a su pueblo. "Tú ayudarás a salvar a mi pueblo", dijo Dios. Gedeón puso un montón de lana en la tierra y dijo: "Si lo que dices es verdad, mañana la lana estará mojada con el rocío; pero la tierra estará seca." Y ocurrió tal como Gedeón pidió.

· *GEDEÓN, de Jueces 6 y 7*

Después Gedeón dijo: "Dios, no te enojes;
pero si en realidad voy a salvar a tu pueblo,
mañana deja que la lana esté seca,
y que la tierra esté mojada."
Y ocurrió otra vez tal como Gedeón pidió.

Así que Gedeón escogió un ejército
de miles de hombres.
Pero Dios mandó a muchos a sus casas.
Gedeón se quedó con sólo trescientos hombres.

¡Dios le dijo a Gedeón cómo ganar
la batalla sin pelear!
Aquella noche, cada hombre tomó una antorcha,
un jarro de barro vacío y una trompeta.
Los hombres cubrieron las antorchas
con los jarros. Todos subieron
hasta las afueras del campamento enemigo.

Cuando Gedeón dio la señal, todos sus hombres tocaron sus trompetas y rompieron sus jarros. Esto asustó tanto a sus enemigos que salieron huyendo. ¡El pueblo de Dios ganó sin pelear!

Alto y fuerte

Al poco tiempo los enemigos volvieron.
Así que Dios escogió a otro hombre para salvar a su pueblo. Se llamaba Sansón.
Dios le había dicho a Sansón que nunca se cortara el cabello. Mientras Sansón obedeció a Dios, tuvo mucha fuerza.

SANSÓN, de Jueces 13-16

En una ocasión Sansón pasó la noche en Gaza.
Alrededor de la ciudad había un gran muro
con una puerta grande.
La gente de Gaza quería capturar a Sansón.
Pero Sansón salió a medianoche y derribó las
puertas. Y las cargó sobre sus hombros.

Los enemigos de Sansón le pidieron
a una mujer llamada Dalila
que averiguara cómo debilitar a Sansón.
Así que ella le preguntó a Sansón.
— Átame con siete cuerdas — le dijo Sansón.
Aquella noche los enemigos
lo ataron con siete cuerdas.
Pero cuando Sansón se despertó, las rompió.

Dalila seguía preguntándole a Sansón por qué era tan fuerte. Al fin, Sansón le dijo:

— Si me cortan el cabello perderé mis fuerzas.

Aquella noche, mientras él dormía,
Dalila llamó a un hombre
para que le cortara el cabello a Sansón.
Entonces él perdió su fuerza.
Los enemigos lo pusieron en la prisión.

Aunque Sansón había perdido su fuerza,
Dios le permitió ganar.
Ocurrió cuando sus enemigos
tenían una fiesta en una casa grande.
Llevaron a Sansón a la fiesta.
Dios le dio fuerzas y Sansón derribó
las columnas que sostenían el techo.
El techo cayó sobre todos sus enemigos.
Dios volvió a salvar a su pueblo.

Rut

Rut vivía muy lejos de Judá.
Judá era la tierra del pueblo de Dios.
Rut vivía con Noemí, que había venido de Judá.
Rut se había casado con el hijo de Noemí,
pero él había muerto.
El esposo de Noemí también había muerto.
Ahora Noemí quería volver a Judá.

UNA HISTORIA DE AMOR, de Rut 1-4

— Regresa a casa de tus padres — le dijo
Noemí a Rut.
— Llévame contigo — le pidió Rut —.
Iré a donde tú vayas,
y me quedaré contigo.
Tu pueblo será mi pueblo
y tu Dios será mi Dios.
Así que Noemí llevó a Rut a Judá.

En Judá Rut tenía que trabajar
para conseguir alimentos para ellas.
Rut trabajó en los campos.
Recogía el grano que quedaba
después de la cosecha.

El dueño de aquel campo se llamaba Booz.
Booz sabía que Rut estaba ayudando a Noemí.
Les dijo a sus ayudantes que dejaran
suficiente grano para Rut.
Él se alegró de que ella recogiera
grano en su campo.
Rut sabía que Booz era un hombre bueno.

Booz se enamoró de Rut
y se casó con ella.
Ellos tuvieron un hijo llamado Obed.
Fueron muy felices juntos.

Una oración especial

Había una mujer llamada Ana.
Ana estaba muy triste,
porque no tenía hijos.
Ella deseaba tener un hijo.
Un día ella y su esposo
fueron a adorar a Dios al tabernáculo.
Ana oró a Dios allí.
Ella lloró y dijo: “Si me das un hijo,
lo dedicaré a ti para que te sirva
durante toda su vida.”

ANA, de 1 Samuel 1 y 2

El sacerdote, llamado Elí, vio a Ana.
Él sabía que algo andaba mal.
Ana le dijo lo que estaba haciendo.
— Ve a tu casa en paz — le dijo Elí —.
Dios te dará lo que le has pedido.

Ana se fue a su casa.
Dios escuchó su oración
y le dio un hijito.
Ella lo llamó Samuel.

Una voz en la noche

Cuando Samuel creció lo suficiente,
su mamá lo llevó a vivir
con Elí al tabernáculo.
Una noche, después que se habían acostado,
Samuel oyó una voz que lo llamaba.
Samuel pensó que era Elí.
— Aquí estoy — dijo Samuel.
— Yo no te llamé,
vuelve a acostarte — le respondió Elí.
Entonces Samuel volvió a su cama.

SAMUEL, de 1 Samuel 3

Samuel volvió a oír la voz que lo llamaba:
"¡Samuel! ¡Samuel!"
Samuel se levantó y corrió adonde Elí.
— Aquí estoy — le dijo.
— Yo no te he llamado — le dijo Elí —.
Vuelve a acostarte.

Samuel volvió a oír la voz: “¡Samuel!”
Samuel corrió adonde Elí.
— Aquí estoy — le dijo.
Entonces Elí supo que Dios
lo estaba llamando y le dijo:
— Ve y acuéstate. Si oyes otra vez la voz, contesta:
‘Habla, Señor, que te escucho.’
Así que Samuel se volvió a acostar.

Pronto Dios llamó otra vez: “¡Samuel! ¡Samuel!”
— Habla, Señor — le dijo Samuel.
Y Dios le habló a Samuel.
Desde entonces, Dios habló mucho con Samuel.
Samuel le decía a la gente
lo que Dios le hablaba, porque era profeta.

El primer rey

El pueblo de Dios no tenía rey.
Dios los dirigía por medio de su profeta Samuel.
Pero el pueblo dijo:
“Danos un rey que nos dirija.”
Samuel le preguntó a Dios lo que debía hacer.

SAÚL Y SAMUEL, de 1 Samuel 9-15

“Dales un rey — dijo Dios —, pero diles
que se van a arrepentir. Ellos tendrán
que obedecer a su rey
y él puede forzarlos a hacer cosas
que ellos no quieren hacer.”
Samuel le dijo al pueblo lo que Dios le había dicho;
pero aun así querían un rey.

Así que Dios escogió un rey para ellos.
Su nombre era Saúl.
Él era un hombre alto;
pero era tímido.

Cuando a Saúl lo iban a hacer rey,
él se escondió.
Pero el pueblo lo encontró.
Lo trajeron delante del pueblo.
Todos gritaron: “¡Viva el rey!”

Al principio, Saúl era un buen rey.
Pero después dejó de obedecer a Dios.
Así que Dios le dijo a Samuel
que quería un nuevo rey para su pueblo.

Un buen corazón

Dios le dijo a Samuel
que fuera a la casa de Isaí.
Isaí tenía ocho hijos.
Dios quería que uno de ellos
fuera el nuevo rey.
Isaí mandó a llamar a sus hijos.
Entonces Samuel miró al primero.
Seguramente éste es el que Dios ha escogido, pensó.
Pero Dios dijo: "No, tú lo ves por fuera.
Pero yo lo veo por dentro."

DAVID EL REY ESCOGIDO, de 1 Samuel 16

Así que Samuel miró a los hijos de Isaí uno por uno. Pero Dios no había escogido a ninguno de ellos.

— Isaí, ¿tienes más hijos? — preguntó Samuel.

— Hay uno más — respondió Isaí —. Pero está cuidando las ovejas.

— Dile que venga — dijo Samuel.

Cuando él vino, Dios dijo: "Este es."
Su nombre era David.
Samuel le dijo a David que un día
él sería el nuevo rey.

El gigante

Los enemigos del pueblo de Dios llegaron
a Israel para pelear.
Enviaron primero a su mejor soldado.
Se llamaba Goliat y medía más de tres metros.
Él llamó al ejército de Saúl y dijo:
"Escojan un hombre que pelee conmigo.
Si él gana, nosotros seremos siervos de ustedes.
Pero si yo gano, ¡ustedes serán nuestros siervos!"
Los soldados del ejército de Saúl tenían miedo.
Sabían que Goliat era más fuerte que ellos.
Nadie quería pelear con él.

DAVID Y GOLIAT, de 1 Samuel 17

Los hermanos de David estaban en el ejército.
Pero David estaba en el campo con las ovejas.
Un día su papá lo llamó y le dijo:
“Lleva este pan a tus hermanos.”
Así que David salió a ver a sus hermanos.
Al llegar, vio el ejército.

También vio al gigante Goliat.
Y vio que todos le tenían miedo.
— Pelearé con Goliat — dijo David.
— Tú sólo eres un niño — le dijo Saúl —.
No vas a poder pelear con Goliat.
— Dios me ayudará — le dijo David.

Así que Saúl le dio a David su armadura,
su yelmo y una espada.
David probó la armadura;
pero era demasiado pesada.
David se la devolvió a Saúl.
— No estoy acostumbrado a estas cosas — le dijo.

En lugar de eso, David escogió
cinco piedras lisas de un arroyo.
David tomó su honda en la mano.
David le dijo a Goliat:
“Tú vienes con espada y con lanza;
pero yo vengo contra ti en el nombre de Dios.
Esta batalla es del Señor.”

El gigante se acercó para pelear con David.
David puso una piedra en su honda.
Tiró la piedra hacia Goliat.

La piedra le dio a Goliat en la frente.
Y Goliat cayó en tierra.
David confió en Dios.
Dios le ayudó a David a ganar.
Todo el pueblo estaba contento.

Los mejores amigos

David tenía un trabajo especial en la casa de Saúl. Cuando Saúl se sentía mal, David le tocaba el arpa. Entonces Saúl se sentía mejor.

DAVID Y JONATÁN, de 1 Samuel 18-20

Saúl tenía un hijo.
Su nombre era Jonatán.
Jonatán quería mucho a David.
Le dio a David su capa y su túnica.
También le dio su arco,
su correa y su espada.
Ellos se hicieron buenos amigos.

Dios bendijo a David.
Cada vez que David iba a la batalla, ganaba.
El pueblo comenzó a querer más a David
que a Saúl.
Por eso Saúl se enojó y se puso celoso.

Saúl estaba tan enojado con David,
que le tiró la lanza.
Saúl trató de matar a David.
Pero David huyó de Saúl.

— Tienes que irte de esta ciudad — le dijo
Jonatán a David —. Huye de Saúl.
David estaba triste.
Él iba a extrañar a Jonatán.
— Siempre seremos amigos — le dijo Jonatán —.
Serás mi mejor amigo para siempre.
Y David tuvo que huir.
Pero él y Jonatán siempre fueron amigos.

El rey David

Saúl perseguía a David.
Pero nunca lo capturó.
Dios estaba cuidando a David.
Después que Saúl murió, David llegó a ser rey.
David era un buen rey.
Él amaba a Dios.
Escribió cantos acerca de su amor a Dios.

REY Y ESCRITOR DE SALMOS, de 1 Samuel 23—2 Samuel 8 y Salmos 23 y 148

David escribió: “El Señor es mi pastor;
nada me falta.
En verdes pastos me hace descansar;
junto a tranquilas aguas me conduce.”

David también escribió: "¡Alaben al Señor!
Alábenlo, sol y luna.
Alábenlo, todas las estrellas luminosas.
Alábenlo, la nieve y las nubes.
Alábenlo, montañas y árboles.
Alábenlo, todos los animales.
Alábenlo, ancianos y niños.
¡Alaben al Señor!"

Salomón

El rey David tenía un hijo llamado Salomón.
Salomón creció y fue rey después de David.
Una noche Dios le preguntó a Salomón:
"¿Qué quieres que te dé?"
Salomón dijo que sólo quería sabiduría.
Dios le dijo: "Te daré un corazón sabio."

UN REY SABIO, de 1 Reyes 1-8

Salomón fue el rey más sabio del mundo.
Mucha gente fue a él para hacerle preguntas
y para oír sus enseñanzas.
Dios también lo hizo muy rico.
Y el pueblo de Dios no tenía enemigos.
Todos vivían en paz.

Entonces Salomón escogió trabajadores
para construir una casa especial.
Era un hermoso templo para Dios.
Era un lugar donde el pueblo podía adorar.

Cuando terminó de construir,
Salomón levantó sus manos al cielo.
“Alabado sea Dios — dijo Salomón —.
Él ha cumplido todas sus promesas.
¡Que esté Él con nosotros siempre!”

Alimentado por pájaros

Después de Salomón, hubo muchos reyes malos.
Esos reyes se olvidaron de Dios.
Comenzaron a adorar estatuas
hechas de piedra y de madera.
Eso no agradó a Dios.

ELÍAS Y LOS CUERVOS, de 1 Reyes 17

Dios escogió a un hombre para recordarles
a los reyes que Él era el único Dios verdadero.
Elías fue el hombre que Dios escogió.
Elías era profeta. Les decía a los reyes
lo que Dios quería que hicieran.

Acab era uno de esos reyes malos.
Él no quería escuchar a Elías.
No quería hacer lo que Dios deseaba.
— Porque tú eres un rey malo, no va a llover durante mucho tiempo — le dijo Elías.

Como no llovía,
no había suficiente alimento.
Ni siquiera Elías tenía alimento.
Pero Dios cuidó a Elías.
Le mostró un arroyo
donde él podía tomar agua.
Elías vivía al lado del arroyo.

Unos cuervos le llevaban comida a Elías.
Le llevaban pan y carne todas las mañanas.
Le llevaban pan y carne todas las noches.
Y Elías tomaba agua del arroyo.
Dios lo cuidaba.

Una tinaja y una vasija

Como no llovía, se secó el arroyo de Elías.
Elías no tenía agua para tomar.
Tampoco tenía alimentos.
Pero Dios cuidaba de él.
"Ve a un pueblecito en Sidón — le dijo Dios —.
Allí una mujer te va a dar de comer."

ELÍAS Y LA VIUDA, de 1 Reyes 17

Así que Elías fue a Sarepta.
A la entrada del pueblo,
vio a la mujer.
— ¿Me puedes dar agua y pan? — le preguntó Elías.

La mujer le dijo a Elías:
— Sólo tengo un poco de harina en la tinaja
y un poco de aceite en la vasija.
Yo iba a hacer pan para mí
y para mi hijo.
Es todo lo que tenemos.

— No te preocupes — le dijo Elías —,
hazme a mí un pan primero,
después haz para ti y para tu hijo.
Dios no va a dejar que se vacíe tu tinaja.
Él no va a permitir que se acabe el aceite.

La mujer hizo lo que Elías le dijo.
Y Dios cumplió su promesa.
La harina no se acabó.
Su vasija de aceite nunca quedó vacía.
Hubo alimento para su familia cada día.
Elías se quedó en la casa de ella.
Y ella compartió su alimento con Elías.

El Dios verdadero

El malvado rey Acab seguía siendo malo.
Hizo estatuas de madera, de metal y de piedra.
Las llamó Baales.
Él dijo que Baal era Dios y quería que
todo el pueblo adorara a Baal.
Dios envió a Elías a hablarle al pueblo.
— ¿Quién es el Dios verdadero? — dijo Elías —.
Vamos a ver.

ELÍAS EN EL MONTE CARMELO, de 1 Reyes 18

“Vamos a edificar dos altares de piedra.
Uno será para Baal — dijo Elías —.
El otro será para mi Dios.
Pondremos madera en los altares
y oraremos a Dios para que envíe fuego
para quemar la madera.”
Así que el pueblo siguió el plan de Elías.

Los seguidores de Baal oraron a Baal.
Ellos le pidieron que enviara fuego.
Pero Baal era sólo una estatua.
Él no podía oírlos. Y no cayó fuego.
— Griten más alto — dijo Elías —.
Quizá Baal está ocupado o de viaje.
Tal vez está durmiendo.
Así que ellos gritaron y gritaron.
Pero no cayó fuego.

Ahora le tocaba a Elías.
Él hizo una zanja alrededor del altar
y derramó mucha agua sobre el altar.
La leña se mojó.
El altar se mojó.
Y el agua llenó la zanja.

Entonces Elías oró: “Oh Dios, muestra
al pueblo que tú eres el verdadero Dios.”
¡Y Dios envió fuego!
Quemó toda la madera del altar.
¡Hasta secó el agua de la zanja!
Entonces todos supieron
quién era el verdadero Dios.

La carroza de fuego

Elías quería un ayudante.
Así que escogió a un hombre para que lo ayudara.
Ese hombre era Eliseo.
Eliseo también amaba a Dios.
Un día Elías llevó a Eliseo
a una larga caminata.
Elías ya era anciano.
Era tiempo de que él se fuera al cielo.

ELÍAS Y ELISEO, de 1 Reyes 19 y 2 Reyes 2

Cuando llegaron al río Jordán,
Elías se quitó su manto.
Elías golpeó el agua con su manto.
El agua se retiró a ambos lados.
Elías y Eliseo cruzaron el río en tierra seca.

Entonces Elías le preguntó a Eliseo:
— ¿Qué puedo hacer por ti antes de irme?
— Quiero ser como tú — le dijo Eliseo.
— Has pedido una cosa difícil dijo Elías —.
Pero si me ves cuando me vaya,
endrás lo que has pedido.

Mientras ellos iban caminando y hablando, vieron que venía una carroza de fuego. Delante de la carroza iban caballos de fuego. La carroza separó a Elías y Eliseo. Elías subió al cielo en un torbellino mientras Eliseo lo observaba.

Entonces Eliseo recogió el manto
de Elías y volvió al río.
Eliseo golpeó el río con el manto.
Y el agua se abrió.
Eliseo pudo cruzar el río en seco.
Ahora Eliseo tenía el poder de Dios
tal como lo había tenido Elías.

Vasijas de aceite

Un día una mujer fue a buscar a Eliseo.
Ella estaba preocupada.
— No tengo el dinero que necesito
para pagar mis deudas — dijo ella —.
El hombre a quien le debo está enojado
y se llevará mis dos hijos.
Él hará que trabajen para él.
¿Qué puedo hacer?
— ¿Qué tienes en tu casa? — le preguntó Eliseo.
— Sólo tengo un poco de aceite — dijo ella.

— Pide a tus vecinos que te den vasijas vacías — le dijo Eliseo —. Luego echa aceite en cada vasija.

La mujer hizo lo que Eliseo le dijo.

Ella echó más y más aceite en las vasijas, hasta que se terminó el aceite.

Pero el aceite no se acabó hasta que ella llenó todas las vasijas.

— Todas las vasijas están llenas — le dijo la mujer a Eliseo.

— Ve y vende el aceite — le respondió él —. Toma el dinero que ganes y paga lo que debes. Puedes guardar el dinero que te sobra.

Un cuarto en el techo

Eliseo fue a muchos lugares
haciendo lo que Dios quería.
Un día fue a Sunem.
Allí vivía una mujer rica.
Ella invitó a Eliseo a su casa para comer.
Desde aquel día, cuando Eliseo iba a Sunem,
comía en la casa de ella.
Eliseo y la mujer eran buenos amigos.

ELISEO Y EL HIJO DE LA SUNAMITA, de 2 Reyes 4

— Hagamos un cuarto para Eliseo en nuestra terraza — le dijo la mujer a su esposo —. Pondremos una cama, una mesa, una silla y una lámpara. Él puede quedarse allí siempre que venga a visitarnos.

Así que hicieron un cuarto para Eliseo.

Eliseo tenía un ayudante.
Un día en que Eliseo estaba en Sunem,
le preguntó a su ayudante:
— ¿Qué podemos hacer por esta mujer?
Ella ha hecho este cuarto para mí.
— Ella no tiene hijos — le dijo su ayudante.

Así que Eliseo llamó a la mujer.
— El año que viene — le dijo —.
Dios te dará un hijito.
Ocurrió tal como Eliseo dijo.
Al año siguiente ella tuvo un hijito.
Ella y su esposo lo querían mucho.

Naamán

Naamán era capitán de un gran ejército.
La esposa de Naamán
tenía una niña israelita de criada.
Pero Naamán estaba triste y preocupado.
Naamán tenía una enfermedad llamada lepra.
Era una enfermedad horrible.

SANADO DE LEPRA, de 2 Reyes 5

Un día la criada le dijo
a la esposa de Naamán:
— Naamán debiera ir a ver a Eliseo.
Estoy segura de que él lo sanaría.

Así que Naamán fue a la casa de Eliseo.
— Ve al río Jordán — le dijo Eliseo —.
Lávate siete veces allí.
Entonces quedarás sano.

Eso le pareció ridículo a Naamán.
Él estaba enojado.
— Me podría haber bañado
en un río en mi país — dijo él —.
Esos ríos son mejores.

Pero los criados de Naamán le dijeron:
— Haz lo que Eliseo te dijo.
Es algo fácil de hacer.
Así que Naamán fue al río Jordán.
Se lavó siete veces.
Naamán quedó sano,
tal como Eliseo le había dicho.

Un niño rey

Josías tenía ocho años
cuando fue hecho rey.
Fue un buen rey
y obedeció a Dios.
El templo de Dios
tenía muchas partes malogradas.
Josías consiguió trabajadores
para reparar el templo.

JOSÍAS, de 2 Reyes 22 y 23

Un día el sacerdote encontró algo en el templo.
Era algo importante.
Era el libro de la ley de Dios
que había sido olvidado
durante muchos años.

Le llevó el libró al rey Josías.
El rey lo leyó.
— Tenemos que seguir estas leyes — dijo él —.
Tenemos que hacer lo que Dios quiere.
Y ellos lo hicieron.
A Dios le alegró lo que hizo el rey Josías.
Y Dios lo bendijo.

Alimento para Daniel

Un día el ejército de Babilonia
fue a pelear contra el pueblo de Dios.
Los soldados se llevaron las cosas
del templo de Dios.
Y se llevaron a algunos de los jóvenes
del palacio del rey.
Cuatro de estos jóvenes fueron Daniel
y sus amigos: Sadrac, Mesac y Abed-nego.

JÓVENES CAUTIVOS EN BABILONIA, de Daniel 1

El rey de Babilonia quería que esos jóvenes
fueran sus ayudantes.
Le dijo a su criado especial
que les diera alimento de su mesa.
Daniel sabía que el alimento del rey
no era bueno para ellos.
Le pidió al criado
que no le diera del alimento del rey.

— Si ustedes no comen el alimento del rey, se enfermarán. Se pondrán débiles y el rey se enojará — dijo el criado.

— Danos legumbres y agua durante diez días — le respondió Daniel —. Entonces verás si nos enfermamos o no.

Así que el criado hizo lo que Daniel le pidió.
Les dio legumbres para comer.
Les dio agua para tomar.
Al final de los diez días,
el criado se sorprendió.
Ellos parecían fuertes, no enfermos.
Parecían estar mejor que los hombres
que comían del alimento del rey.

Dios bendijo a Daniel y a sus amigos.
Ellos estaban muy lejos de su tierra,
pero Dios estaba con ellos.
Dios les dio mucha sabiduría.
Ellos entendían muchas cosas difíciles.
Siempre amaban y obedecían a Dios.

En el horno de fuego

Un día el rey de Babilonia
construyó una gran estatua de oro.
Les dijo a todos los de su pueblo:
"Los músicos tocarán sus instrumentos.
Cuando oigan la música,
póstrense y adoren la estatua.
Si no lo hacen,
los echaré en un horno grande de fuego."
Sadrac, Mesac y Abed-nego sabían que
sólo podían adorar al Dios verdadero.
Ellos oyeron la música.
Pero no se postraron.

LOS AMIGOS DE DANIEL Y EL HORNO DE FUEGO, de Daniel 3

Alguien le dijo eso al rey.
El rey llamó a Sadrac, Mesac y Abed-nego.
— Póstrense y adoren la estatua — les dijo.
— Nunca adoraremos una estatua — respondieron los tres amigos de Daniel.

El rey estaba furioso.
Llamó a sus criados y les dijo:
— Calienten el horno lo más que puedan.
Tiren a estos jóvenes en el horno.
Así que sus ayudantes calentaron bien el horno.
Y tiraron a Sadrac, Mesac y Abed-nego
al horno de fuego.

El rey no podía creer lo que veía.
De repente había cuatro hombres en el fuego.
Uno parecía ser el Hijo de Dios.
Estaban caminando en el fuego.
¡Y no se quemaban!

“¡Salgan!”
El rey gritó la orden.
Sadrac, Mesac y Abed-nego salieron.
Ellos no se habían quemado.
¡Ni siquiera tenían olor a humo!
El rey estaba sorprendido y alabó a Dios.
Se dio cuenta de que Dios los había salvado.

Una noche con leones

Dios bendijo a Daniel.
Le dio mucha sabiduría a Daniel.
El rey quería poner a Daniel
como gobernador de toda la tierra.
Los otros hombres sabios estaban celosos.
Trataron de encontrar algo de qué acusar a Daniel.
Pero Daniel era un hombre bueno
que siempre oraba a Dios.
Daniel también obedecía a Dios.
Los hombres no pudieron encontrar nada malo,
así que hicieron un plan.

LA FIDELIDAD DE DANIEL, de Daniel 6

Ellos fueron al rey.
— Hagamos una nueva ley — dijeron —.
Digamos que todos tienen que orar a ti.
Si alguien no ora a ti,
lo echaremos al foso de los leones.
Al rey le pareció bien.
Entonces el rey dictó una nueva ley.

Daniel se enteró de la nueva ley.
Pero fue a su cuarto y oró de todos modos.
Los hombres sabían que Daniel iba a orar.
Ellos lo vieron y lo llevaron al rey.
— Vamos a echar a Daniel al foso
de los leones — dijeron ellos.

El rey se puso triste.
Él quería mucho a Daniel.
Pero no podía cambiar su ley.
El plan de los hombres malos dio resultado.
Ellos echaron a Daniel a los leones.

A la mañana siguiente, el rey se levantó temprano.
Corrió al foso de los leones.
— Daniel, ¿te salvó Dios? — le preguntó.
— Sí, rey — dijo Daniel —. Dios envió un ángel
que cerró la boca de los leones.
El rey se alegró.
Hizo sacar a Daniel del foso de los leones.
¡Dios lo había salvado!

Dentro de un pez

Un día Dios le dijo a un hombre llamado Jonás:
"Tienes que ir a la ciudad de Nínive.
Están haciendo cosas malas allá.
Tienes que decirles que dejen de hacer lo malo."

JONÁS, de Jonás 1-4

Jonás no obedeció a Dios.
Salió en un barco grande y se fue lejos de Dios.
Pero Dios sabía dónde estaba Jonás.
Envió una gran tormenta.
— ¿Por qué ha venido esta tormenta? — se preguntaron los marineros.
— Vino por mi culpa — les dijo Jonás —. Si me echan al mar, la tormenta se calmará.

Así que ellos echaron a Jonás al mar.
Y la tormenta se calmó.
Pero un pez muy grande se tragó a Jonás.
Dentro del pez, Jonás oró y oró.
Después de tres días y tres noches, Dios lo salvó.
Hizo que el pez vomitara a Jonás en la orilla.

"Jonás, ¡ve a Nínive!", le dijo Dios.
¡Y Jonás fue!
Le dijo a la gente que dejara de hacer lo malo.
La gente escuchó a Jonás.
Todos comenzaron a hacer cosas buenas.
Dios se alegró de que Jonás había obedecido.

HISTORIAS
DEL
NUEVO TESTAMENTO

El secreto del ángel

Gabriel era un ángel.
Él obedecía a Dios.
A veces les llevaba noticias especiales de Dios
a personas en la tierra.

GABRIEL VISITA A MARÍA, de Lucas 1

Un día Dios envió a Gabriel
a la casa de una mujer joven.
La mujer se llamaba María.
Gabriel fue adonde María y le dijo:
— ¡Hola! ¡Dios está contigo!

María se asustó.
Ella se preguntaba qué quería el ángel.
— No tengas miedo — le dijo Gabriel —.
Dios te ama.
Él te va a dar un hijo.
Lo llamarás Jesús.
¡Él será el Hijo de Dios!

María se sorprendió.
— ¿Cómo puede ser eso? — preguntó ella.
El ángel Gabriel le respondió:
— Nada es imposible para Dios.

— Yo te creo — dijo María —.
Haré lo que Dios quiera.
Entonces Gabriel se despidió de María.

El niño más especial

María amaba a un hombre llamado José.
Ellos se iban a casar.
Un día José tenía que viajar
a la ciudad de Belén.
Así que María fue con él.

EL NACIMIENTO DE JESÚS, de Lucas 2

La ciudad de Belén estaba llena de gente.
Muchas personas habían ido allá.
José y María buscaron un lugar para quedarse.
Pero en ninguna casa había lugar.

No había camas desocupadas.
Había gente durmiendo en el suelo.
Así que José y María tuvieron que quedarse
en un establo.
En el establo vivían los animales.

Aquella noche, nació el niño.
El niño era el Hijo de Dios.
María y José le pusieron por nombre Jesús.
El ángel había dicho que lo llamaran así.
María lo envolvió en pañales.

María hizo una cama suave en el pesebre.
El niño Jesús durmió allí.
María lo amaba.
José lo amaba.
Dios lo amaba.

Buenas noticias

Todavía era de noche.
Afuera del pueblo de Belén,
algunas ovejas estaban durmiendo.
Los pastores las estaban cuidando.
De pronto un ángel llegó a donde estaban los pastores.
La gloria de Dios brilló alrededor de ellos.
Pero los pastores tenían miedo.

El ángel les dijo a los pastores:
"No tengan miedo. Les traigo buenas noticias.
Esta es una noticia alegre para todo el pueblo:
¡Hoy en Belén nació el Hijo de Dios!
Ustedes pueden ir a verlo.
¡Está envuelto en pañales y acostado en un pesebre!"

Entonces muchísimos ángeles vinieron del cielo.
Alabaron a Dios y dijeron:
"¡Gloria a Dios en las alturas,
y en la tierra paz!"

Cuando los ángeles se fueron, los pastores dijeron:
"¡Vamos a ver al niño!"
Así que fueron corriendo al pueblo.
Encontraron el establo
y vieron al niño recién nacido.

Entonces los pastores se fueron, dando gracias
a Dios. Les dijeron a todos lo que había pasado.
Las personas se sorprendieron.
Pero María siempre recordó lo que pasó.

Bendiciones para el Niño

Poco después que Jesús nació,
José y María lo llevaron al templo.
Allí había un anciano llamado Simeón.
Él estaba esperando ver al Niño Jesús.
Simeón sabía que Jesús era especial.
Él tomó a Jesús en sus brazos.
Le dio gracias a Dios por el Niño Jesús.

En el templo estaba una ancianita.
Su nombre era Ana.
Ella también sabía que Jesús era especial.

Ana fue a donde estaban María y José.
Se alegró de ver al Niño Jesús.
También le dio gracias a Dios por el Niño Jesús.

Visitantes del oriente

Cuando Jesús nació,
Dios puso una estrella especial en el cielo.
Algunos hombres sabios que vivían en el oriente
vieron la estrella.
Ellos sabían que era una señal.
Quería decir que un Niño Rey había nacido.
Esos hombres sabios deseaban visitar al Niño.
Así que siguieron la estrella.

LOS HOMBRES SABIOS ENCUENTRAN A JESÚS, de Mateo 2

Los hombres sabios fueron a ver
al rey Herodes en Jerusalén.
— Sabemos que nació un Niño Rey — le dijeron —.
¿Puedes decirnos dónde está?
Eso preocupó al rey.
No quería que nadie más fuera llamado rey.

El rey Herodes no sabía
que este Niño Rey
era el rey del cielo y de la tierra.
No sabía que ese Niño Rey era el Hijo de Dios.
— No sé nada del nuevo rey — dijo Herodes —.
Pero vayan y búsquenlo.
Luego me dicen dónde está.

Así que los hombres sabios siguieron su camino.
Y la estrella los guió
al lugar exacto donde estaba Jesús.
Se alegraron mucho cuando lo encontraron.
Y le hicieron reverencia.
Le dieron regalos hermosos:
oro, incienso y mirra.

Dios sabía que el rey Herodes no quería que nadie más fuera llamado rey. Él les dio a los hombres sabios un sueño. En ese sueño les dijo que no le dijeran al rey Herodes dónde estaba el Niño Jesús. Así que regresaron por otro camino.

La huida a Egipto

Los hombres sabios no regresaron
adonde estaba Herodes.
El rey Herodes se enojó.
Quería encontrar al Niño Rey para matarlo.
Herodes quería ser el único rey.

LA HUIDA A EGIPTO, de Mateo 2

Dios sabía lo que el rey Herodes estaba pensando.
Envió un ángel a José en un sueño.
"Huyan a Egipto — dijo el ángel —. Quédense
allá hasta que yo les diga que regresen."

Así que José, María y el Niño Jesús
se fueron a Egipto.
Vivieron allá hasta que el rey Herodes murió.
Entonces un ángel volvió a José y le dijo:
"Pueden regresar a su casa.
Ahora no hay peligro."

José, María y Jesús salieron de Egipto.
Ellos se mudaron al pueblo de Nazaret.
Jesús creció en Nazaret.
Dios lo hizo fuerte y sabio.

El hombre que no podía hablar

Zacarías trabajaba en el templo de Dios.
Él amaba a Dios.
Su esposa Elisabet también amaba a Dios.
Zacarías y Elisabet eran muy ancianos,
pero no tenían hijos.

Un día en el templo,
un ángel se le presentó a Zacarías.
— Soy Gabriel — le dijo el ángel— .
Tengo buenas noticias.
Tú y Elisabet tendrán un hijo.
Lo llamarás Juan.
Él será lleno del Espíritu Santo.
Será un hombre especial.

— ¿Cómo sé que será así? — preguntó Zacarías.
— No podrás hablar hasta que
todo esto suceda — le dijo Gabriel —.
Así sabrás que esto es verdad.

Cuando Zacarías salió del templo,
no podía hablar.
Sólo podía hacer señas con las manos
para expresar lo que deseaba decir.

Todo ocurrió como el ángel dijo.
Zacarías y Elisabet tuvieron un hijo.
Todos querían llamarlo Zacarías como su papá.
Pero Zacarías señaló que no.
Se acordó de lo que el ángel
le había dicho y escribió en una tabla:
"Su nombre es Juan."
Entonces Zacarías pudo hablar otra vez.
Y Zacarías alabó a Dios.

¡Perdido!

Jesús creció en Nazaret.
Cuando Jesús tenía doce años,
María y José lo llevaron al templo.
El templo estaba en Jerusalén.
Ellos tenían que ir allá caminando.
Fueron junto con muchos de sus amigos
y familiares.

EL NIÑO JESÚS EN EL TEMPLO, de Lucas 2

Había mucha gente en Jerusalén.
Se celebraba la Pascua.
Jesús pasó unos días lindos
junto con sus amigos y familiares.
Pero cuando era hora de regresar,
Jesús se quedó en Jerusalén.

María y José pensaron
que Jesús estaba con sus amigos.
Lo buscaron toda aquella noche.
Cuando no lo pudieron encontrar,
se preocuparon.
¡Jesús estaba perdido!
Regresaron rápidamente a Jerusalén.

Durante tres días buscaron a Jesús.
Por fin lo encontraron.
Estaba en el templo
escuchando a los maestros sabios.
Y les estaba haciendo preguntas.

— Hemos estado preocupados por ti — le dijo María.
— Tengo que estar en la casa de mi
Padre — respondió Jesús.
Jesús sabía que Dios era su Padre.
Él había estado hablando con los maestros
sobre Dios. Pero fue a su casa con María y José.
Y los obedeció.
Dios bendijo a Jesús, y creció y fue fuerte.

En el río Jordán

Juan, el hijo de Zacarías y Elisabet, creció.
Vivía en el desierto.
Su ropa estaba hecha de piel de camello.
Usaba un cinto de cuero.
Comía langostas y miel silvestre.
Le hablaba a la gente acerca de Dios.
También decía que pronto vendría un hombre especial: Jesús, el Hijo de Dios.

JUAN BAUTIZA A JESÚS, de Lucas 3

Mucha gente escuchaba a Juan.
Juan les decía que dejaran de hacer lo malo
y que comenzaran a hacer lo bueno.

Juan bautizaba en el río Jordán.
Sumergía a las personas en el agua.
Esto mostraba a todos
que deseaban seguir a Dios.
Querían dejar de ser malos
y comenzar a ser buenos.

Un día Jesús fue al río.
Jesús le pidió a Juan que lo bautizara.
Juan sabía que Jesús era el Hijo de Dios.
— Tú eres más importante que yo — le dijo Juan —.
Tú debes bautizarme a mí.
Pero Jesús le dijo:
— ¡No! Deseo hacer bien las cosas.
Así que Juan bautizó a Jesús.

Tan pronto como Jesús salió del agua,
el Espíritu de Dios bajó del cielo.
Parecía una paloma.
Se posó en el hombro de Jesús.
Y Dios dijo: "Este es mi Hijo.
Yo lo amo.
Yo lo he elegido."

Ayudantes y amigos

Jesús sabía que tenía mucho trabajo que hacer.
Deseaba tener algunos buenos amigos
que pudieran ayudarlo.
Un día Jesús estaba caminando
a la orilla del mar de Galilea.
Vio dos barcos a lo lejos.
Pedro y Andrés estaban pescando en uno de los barcos. Jacobo y Juan estaban remendando la red en el otro barco.
Jesús los llamó: "Vengan y síganme."
Y ellos lo hicieron.

JESÚS LLAMA A SUS DISCÍPULOS, de Lucas 5 y 6

Más tarde pasó junto a una oficina de impuestos.
Allí había un hombre llamado Mateo.
El trabajo de Mateo era cobrar los impuestos.
Era dinero que el pueblo pagaba al rey.
Jesús miró a Mateo.
"Sígueme", le dijo Jesús.
Mateo se levantó y siguió a Jesús.

Jesús les pidió a doce hombres
que fueran sus ayudantes.
Además de Pedro, Andrés, Jacobo, Juan y Mateo,
lamó a Felipe, Bartolomé, Jacobo, Tomás,
Simón, Tadeo y Judas.

Una fiesta de boda

Un día Jesús y sus amigos ayudantes
fueron a una fiesta de boda.
Se gozaron mucho en la fiesta.
Había cosas ricas para comer.
Había vino para tomar.

La mamá de Jesús se le acercó.
— Algo horrible ha pasado — dijo ella —.
¡Se ha terminado el vino!
Entonces ella miró a los sirvientes y les dijo:
— Hagan todo lo que Jesús les diga.

Había allí seis tinajas grandes.
Jesús les dijo a los sirvientes:
— Llenen de agua esas tinajas.
Así que los sirvientes llenaron las tinajas.
— Ahora saquen de ahí — dijo Jesús —.
Y denle a los invitados.

Los sirvientes sacaron el agua.
Pero ya no era agua.
¡Era vino!

Los invitados tomaron el vino.
Algunos dijeron que era el mejor
vino de la fiesta.
No sabían que había sido sólo agua
y que Jesús la había convertido en vino.
Pero los sirvientes sí lo sabían.
Dios le había dado a Jesús poder especial,
porque Jesús es el Hijo de Dios.

A través del techo

Mucha gente iba a ver a Jesús.
Todos escuchaban sus enseñanzas.
Jesús hasta sanaba a los enfermos.
Un día Jesús estaba enseñando en una casa.
Mucha gente fue a escucharlo.
La casa estaba llena de gente.

JESÚS SANA A UN PARALÍTICO, de Marcos 2 y Lucas 5

Cuatro hombres llegaron con su amigo.
Ese amigo no podía caminar.
Ellos tenían que cargarlo en una camilla.
Pero no podían llegar a donde estaba Jesús
porque la casa estaba demasiado llena.

Eso no los detuvo.
Había una escalera fuera de la casa.
Subieron por la escalera
y llegaron al techo.
Hicieron un hueco en el techo.
Entonces bajaron a su amigo
a través del techo.
Lo pusieron delante de Jesús.

Cuando Jesús vio al hombre, le dijo:
“Levántate y anda.”
El hombre se levantó
y se fue a su casa alabando a Dios.
Toda la gente quedó sorprendida.
Cada uno le dio gracias a Dios.

En una montaña

Los ancianos fueron a ver a Jesús.
Los niños fucron a ver a Jesús.
Los jóvenes también.
Las madres y los padres fueron a ver a Jesús.

EL SERMÓN DEL MONTE, de Mateo 5 y 6

Personas felices y personas tristes;
personas saludables y personas enfermas
fueron a ver a Jesús.

Jesús vio llegar a la gente.
Así que Él subió a la ladera de la montaña
y se sentó.
"Miren los pájaros — dijo —.
¿Tienen ellos graneros
donde guardar su alimento?
No, Dios los alimenta."

“Miren las flores.
Las flores no trabajan.
No hacen ropa para vestir.
Pero Dios las viste
más bellas que a los reyes.”

“Ustedes son más importantes que los pájaros,
son más importantes que las flores.
Así que no se prcocupen.
Si Dios cuida de ellos,
Él cuidará de ustedes.”

Un siervo enfermo

Había una vez un capitán de un ejército.
Muchos hombres tenían que obedecerlo,
porque él estaba a cargo de ellos.
El capitán era el jefe.
Sus hombres eran soldados.
Uno de los hombres era muy especial.
Era el ayudante del capitán.

LA FE DEL CENTURIÓN, de Lucas 7

Un día el siervo se enfermó muy gravemente.
No se podía levantar de la cama.
Le dolía todo el cuerpo.
Al capitán le dio pena ver a su siervo enfermo.
Pero el capitán sabía acerca de Jesús.

Él sabía que Jesús podía sanar a la gente.
Así que el capitán fue a ver a Jesús.
— Señor — le dijo —, mi siervo está enfermo.
Tiene mucho dolor.
— Iré y lo sanaré — le dijo Jesús.

Pero el capitán le dijo a Jesús:
— No tienes que venir.
Sólo di una palabra y mi siervo sanará.
Yo sé, porque estoy a cargo de muchos hombres.
Ellos hacen lo que yo les digo que hagan.
Tú estás a cargo de esta enfermedad.
La enfermedad hará lo que tú le digas.

Jesús quedó sorprendido
al oír al capitán.
El capitán creía en el poder de Jesús.
— Vete a tu casa — le dijo Jesús —.
Tu siervo sanará.
El capitán se fue a su casa.
Encontró que su siervo estaba sano.
¡Tal como Jesús lo había dicho!

La semilla del labrador

A Jesús le gustaba contar historias a la gente.
Sus historias tenían un significado especial.
Un día contó la siguiente historia:
"Había un campesino que se fue a su campo
a sembrar semillas.
Esparció las semillas aquí y allá.

PARÁBOLAS DEL REINO, de Mateo 13

”Algunas de las semillas cayeron en el camino.
Los pájaros vinieron y se comieron esas semillas.
Algunas de las semillas cayeron entre las rocas.
Nacieron plantas, pero había demasiado rocas.
Las raíces no podían crecer y alcanzar agua.
Así que cuando el sol calentó, murieron.

"Algunas semillas cayeron donde había mala hierba.
Las semillas nacieron;
pero la mala hierba creció y las ahogó.
Otras semillas cayeron en buena tierra.
No había mala hierba ni rocas.
Allí los pájaros no podían encontrarlas.
El sol no las quemó.
Y crecieron, y crecieron, y crecieron."

Las personas no comprendieron esta historia.
“¿Qué quiere decir?”, le preguntaron a Jesús.
Y Jesús les dijo:
“La semilla es la Palabra de Dios.
Los pájaros, la mala hierba y las rocas
son como el corazón de algunas personas.
Oyen la Palabra de Dios,
pero les interesan otras cosas.

'Esas personas no entienden lo que oyen.
No aman a Dios ni lo siguen.
La buena tierra es como el corazón
de las personas que entienden lo que oyen.
Esas personas aman a Dios.
El amor de Dios crece en su corazón
como una planta hermosa y sana."

Una semillita y un árbol grande

Muchas personas fueron a oír las historias de Jesús.
Él les contó historias sobre el reino de Dios.
El reino de Dios está
dondequiera que Dios es rey.
Y dondequiera que Dios es rey, hay amor.

PARÁBOLAS DEL REINO, de Mateo 13

Jesús dijo que el reino de Dios
es como un grano de mostaza.
Es una de las semillas más pequeñas del mundo.
¡Pero crece, y crece, y crece!
Y cuando ha crecido,
es una de las plantas más grandes.
Es tan grande que las aves vienen
y hacen nidos en sus ramas.

El reino de Dios puede comenzar muy pequeño.
Una persona puede tener el amor de Dios.
Cuando comparte ese amor,
¡el reino de Dios crece, y crece, y crece!
Más y más personas desean seguir a Dios.

Jesús contó otra historia.
Él dijo que el reino de Dios es como la levadura.
Los panaderos usan la levadura
para que la masa crezca.
Entonces hacen el pan suave y esponjoso.
Jesús dijo que el reino de Dios es como la levadura.
Una mujer mezcla la levadura con la harina
y hace la masa.
La levadura hace que la masa crezca y sea esponjosa.

El amor de Dios puede comenzar
como un puñado de levadura.
Se puede mezclar en nuestro corazón.
Allí crece más y más. Y pronto tenemos suficiente
amor para compartir con otros.

La red

"Había un pescador — dijo Jesús —.
Tiró su red, y la red
se hundió en las aguas del lago.
Pronto los peces
comenzaron a caer en la red.
El pescador esperó y observó.
Cuando la red se llenó,
la llevó hasta la orilla del lago.

”Entonces se sentó y separó los pescados. Tiró los pescados buenos en las canastas. No guardó los pescados malos.

”El reino de Dios es como la red.
Mucha gente vendrá al reino de Dios.
Un día los ángeles escogerán a las personas.
Los buenos se quedarán en el reino de Dios,
pero los malos no.”

El tesoro y la perla

“El reino de Dios
es como un tesoro”, dijo Jesús.
Es como un tesoro escondido en un campo.
Un hombre estaba trabajando en el campo.
No sabía nada acerca del tesoro.
Pla, pla. Su pala chocó contra algo.
Lo miró y le quitó el polvo.

¡Era un verdadero tesoro!
El hombre estaba muy emocionado.
Rápidamente volvió a esconder el tesoro.
Entonces vendió todo lo que tenía,
tomó el dinero y compró el campo.
Luego corrió y sacó el tesoro.

“El reino de Dios es como un hombre
que compra y vende”, dijo Jesús.
Ese hombre busca cosas
que a las personas les gusta comprar.
Él consigue esas cosas y se las vende a la gente.
Un día estaba buscando perlas.
Él buscaba y buscaba.
¡Entonces la vio!

¡Era una perla perfecta y bella!
Costaba mucho dinero.
Pero al hombre no le importó eso.
Vendió todo lo que tenía,
tomó el dinero y compró la perla.
El reino de Dios es el tesoro verdadero.
Es perfecto como la perla.
Es mejor que cualquier cosa del mundo.
Es de muchísimo valor.

Vientos y olas

Era tarde en el día.
Jesús estaba enseñando junto al lago.
Mucha gente había venido a verlo.
Jesús estaba cansado.
"Pasemos al otro lado del lago",
les dijo a sus amigos.

JESÚS CALMA LA TORMENTA, de Mateo 8, Marcos 4 y Lucas 8

Así que entraron en el barco.
Comenzaron a navegar para cruzar el lago.
El barco se mecía suavemente de un lado a otro.

Pero el viento comenzó a soplar más fuerte.
Las olas comenzaron a azotar el barco.
El barco subía alto y luego bajaba.
¡El agua se metió dentro del barco!
Todos estaban asustados.
Todos menos Jesús.

Jesús estaba durmiendo sobre una almohada
en el fondo del barco.
Sus amigos lo despertaron.
— ¡Jesús! ¿No oyes el viento soplando?
¿No te das cuenta cómo se mueve el barco?
¡Nos vamos a ahogar!
— ¿Por qué tienen miedo? — preguntó Jesús.

Entonces miró el viento y la tormenta.

— ¡Paz! — dijo Jesús —. ¡Quietos!

El viento dejó de soplar.

Las olas dejaron de golpear.

Todo estaba quieto y en calma.

Los amigos de Jesús estaban maravillados.

— Aun el viento y las olas obedecen a Jesús — dijeron ellos.

La mujer que tocó a Jesús

La gente apretaba a Jesús mientras caminaba.
Lo empujaban de aquí para allá.
Aun tropezaban con Jesús.
Algunos sólo querían ver
cómo era Jesús.
Otros querían hablar con Él.
Otros deseaban escucharlo.

LA FE DE UNA MUJER, de Marcos 5 y Lucas 8

Una mujer quería que Jesús la sanara.
Había estado enferma durante doce años.
Y ya había gastado todo su dinero
en los médicos.
Ninguno la podía sanar.
Ella pensaba:
¡Si sólo pudiera ir a ver a Jesús!
¡Si sólo pudiera tocar su ropa!

La mujer se abrió camino más y más cerca.
Al fin llegó lo bastante cerca y estiró la mano.
¡Tocó el manto dc Jesús!
De inmediato se sintió mejor.
¡Ella sabía que estaba sanada!

Jesús se detuvo.
Miró alrededor.
— ¿Quién me tocó? — preguntó.
— Toda esta multitud
está alrededor de ti — le dijo Pedro —.
Muchas personas te han tocado.
— Pero sentí que salió poder
de mí — dijo Jesús.

La mujer se acercó a Jesús.
— Yo te toqué — le dijo ella.
— Tú estás sana,
porque creíste — dijo Jesús —.
Vete en paz.

Un paseo campestre

Más de diez personas,
más de cincuenta personas,
más de cien personas,
más de mil personas . . .
Cinco mil personas habían ido a oír a Jesús.
Se quedaron con Él toda la tarde.
A la hora de la comida,
todavía estaban escuchando a Jesús.

JESÚS ALIMENTA A CINCO MIL, de Mateo 14, Marcos 6 y Lucas 9

Los amigos de Jesús dijeron:
— Vamos a decirle a esta gente que se vaya.
Todos pueden irse y conseguir algo para comer.
— Ellos no tienen que irse — les dijo Jesús.
— Pero nosotros no tenemos el dinero para comprar alimento para ellos — dijo Felipe.

— Tienes razón — dijo Andrés —.
Sólo sé de una persona que trajo alimento.
Un niño tiene cinco panecitos y dos pescados.
¡Eso no es suficiente para alimentar
a cinco mil personas!

— Díganle a la gente que se siente — dijo Jesús.
Todos se sentaron en la hierba suave.
Jesús tomó los cinco panes y los dos peces.
Jesús oró y agradeció a Dios por el alimento.
Entonces sus amigos comenzaron
a repartir el alimento a la gente.

Ahora no había sólo
cinco panes y dos pescados.
Había suficiente pan y pescado
para todos.
Cada uno comió todo lo que quiso.

Caminando sobre el agua

Se acercaba la noche y Jesús estaba cansado.
Había sido un día muy ocupado.
Jesús quería estar solo por un momento.
Deseaba orar.
Mientras subía al cerro, sus amigos
entraron en el barco.
Comenzaron a remar para cruzar el lago.

MILAGRO EN EL MAR DE GALILEA, de Mateo 14

El viento que soplaba era contrario.
La barca no avanzaba.
Jesús vio que era muy trabajoso para sus amigos.
¡Así que se acercó a ellos
caminando sobre las aguas!
Cuando ellos lo vieron, se asustaron.
No sabían que era Jesús.

Jesús sabía que ellos tenían miedo.

— No tengan miedo — les dijo —, soy yo.

Pedro quería estar seguro de eso.

— Si eres tú — le dijo —, dimc que vaya
a ti sobre las aguas.

— Ven — le dijo Jesús.

Pedro salió del barco, paso a paso.
¡Él también comenzó a caminar
sobre las aguas!
Pero entonces sintió el viento fuerte.
Pedro miró las olas
y comenzó a hundirse.
— ¡Jesús, sálvame! — exclamó.

De inmediato Jesús sacó a Pedro del agua.

— ¿Por qué te asustaste? — le preguntó Jesús.

Entonces subieron al barco.

El viento dejó de soplar y todos adoraron a Jesús.

— Verdaderamente tú eres el Hijo de Dios — dijeron ellos.

Ojos abiertos

El hombre no podía ver las flores.
No podía ver la gente.
No podía ver nada.
Era ciego desde su nacimiento.
Pero algo especial le ocurrió.
¡Jesús lo vio!

JESÚS SANA A UN HOMBRE CIEGO, de Juan 9

Jesús hizo algo extraño.
Escupió en la tierra e hizo lodo.
Luego puso el lodo en los ojos del hombre.
— Ve y lávate los ojos — le dijo Jesús.

El hombre hizo lo que Jesús le dijo.
Se lavó el lodo de los ojos
y miró a su alrededor.
¡Él podía ver!
Entonces el hombre adoró a Jesús.

Dinero en un pescado

En el país donde vivía Jesús,
todos tenían que pagar dinero para el templo.
Lo que ellos pagaban se llamaba impuestos.
A los hombres que recogían el dinero los llamaban cobradores de impuestos.

PEDRO Y EL IMPUESTO, de Mateo 17

Los cobradores de impuestos buscaron a Pedro.
— ¿Paga Jesús los impuestos? — le preguntaron.
— Sí — contestó Pedro —. Él los paga.
Entonces fueron a buscar a Jesús.

Jesús ya sabía acerca de los
cobradores de impuestos.
Él sabía lo que tenía que hacer.
— Ve a pescar al lago — le dijo Jesús a Pedro —.
Mira dentro de la boca
del primer pez que saques.

Así que Pedro fue a pescar.
Miró en la boca del primer pescado.
¡Dentro de la boca del pescado encontró dinero!
Pedro llevó el dinero a los cobradores de impuestos.
Era suficiente para pagar los impuestos de Jesús
y también los de Pedro.

El prójimo bueno

— Sé que debo amar a Dios con todo mi corazón — le dijo un hombre a Jesús —.
También debo amar a mi prójimo.
Pero, ¿quién es mi prójimo?
Entonces Jesús le contó la siguiente historia.

EL BUEN SAMARITANO, de Lucas 10

"Un hombre iba de viaje.
Iba por un camino peligroso.
De repente unos ladrones
lo atacaron y lo golpearon.
Los ladrones le robaron todas las cosas que llevaba.
Y lo dejaron herido tirado junto al camino.

”Poco después, alguien venía por el camino:
Pis-pas, pis-pas.
Era un hombre que trabajaba en el templo de Dios.
¡Él podía ayudar al hombre herido!
Pero ¡no! Cuando vio al hombre herido,
cruzó al otro lado del camino y no lo ayudó.
Pronto se acercó otro hombre. Pero éste también
pasó por el otro lado del camino.
Tampoco lo ayudó.

”Entonces se oyó: *Clipiti-clop, clipiti-clop.*
Venía un hombre montado en un asno.
Ese era un hombre de otro país.
Se detuvo cuando vio al hombre herido.
Le vendó las heridas.
Llevó al hombre a una casa donde
pudiera descansar y sanar.”

Cuando Jesús terminó de contar esa historia, miró al hombre.

— ¿Quién fue el prójimo del hombre herido? — le preguntó.

— El que lo ayudó — dijo el hombre.

— Entonces el prójimo es cualquiera que necesite tu ayuda — le dijo Jesús.

Escuchando a Jesús

Había una vez dos hermanas.
Una de ellas se llamaba María.
La otra se llamaba Marta.
Jesús era su buen amigo.
Él las visitaba cada vez que llegaba al pueblo.

MARÍA Y MARTA, de Lucas 10

Un día Jesús estaba en la casa de ellas.
Él habló mucho con María.
María se sentó junto a Jesús para
escuchar y escuchar.
Jesús enseñaba muchas cosas hermosas.

Marta pensaba en otras cosas.
Ella sabía que había mucho trabajo que hacer.
Quería preparar la comida.
Quería limpiar la casa.
Marta quería arreglar el cuarto para Jesús.
Mientras Marta trabajaba, trabajaba y trabajaba,
María se quedaba sentada a escuchar a Jesús.

Finalmente Marta se enojó y le dijo a Jesús:
— María no me está ayudando.
Estoy trabajando sola.
¡Dile que venga a ayudarme!

— Marta, Marta — le dijo Jesús —.
Estás preocupada con muchas cosas.
María está haciendo algo muy importante.
Ella me está escuchando.
Ella ha escogido la mejor parte.

La mujer que no podía pararse derecha

El sábado era el día de reposo del pueblo de Dios. Dios había dicho que era un día para descansar. Era un día en que el pueblo adoraba a Dios. Algunos de los líderes del pueblo de Dios hicieron reglas para el día de reposo.

— Hay seis días para trabajar — decían ellos —. No pueden hacer ningún trabajo el día de reposo.

SANADOS EL DÍA DE REPOSO, de Lucas 13

Un día de reposo Jesús estaba enseñando a la gente.
Una mujer enferma estaba en la sinagoga.
Ella estaba encorvada.
No podía pararse con la espalda derecha.

Cuando Jesús la vio, le dijo que se acercara a Él.
Cuando la mujer se acercó, Jesús le dijo:
— Eres sana de tu enfermedad.
Jesús puso sus manos sobre ella.
De inmediato se enderezó la mujer.
Muy contenta adoró a Dios.

Los líderes religiosos estaban enojados.
Le dijeron a Jesús:
— Trabajaste cuando sanaste a esta mujer.
¡Trabajaste en el día de reposo!

Jesús les contestó:
— Ustedes llevan su asno y su buey a beber el día de reposo. Eso también es trabajo. Si ustedes pueden hacer esa clase de trabajo, entonces yo puedo sanar a esta mujer.
Ellos sabían que Jesús tenía razón.
Todas las personas estaban emocionadas por las cosas maravillosas que Jesús hacía.

La oveja perdida

A Jesús le gustaba contar historias
que tenían significado especial.
Un día contó esta historia:

“Imagínate que eres pastor — dijo Jesús —.
Tienes cien ovejas.
Tú las cuidas bien.
Las llevas adonde hay buen pasto
y agua refrescante.
Conoces a cada una de tus ovejas.
Y las amas a todas.

”Todas las noches, cuando las llevas al corral,
cuentas tus ovejas.
Quieres estar seguro de que todas están allí,
sanas y salvas.
Si llegas a cien,
sabes que todas están en el corral.
Cierras el portón y las ovejas duermen seguras.

”Pero una noche, al contar las ovejas: . . . 95, 96, 97, 98, 99 . . . ¿Sólo noventa y nueve ovejas?
Vuelves a contar;
pero hay sólo noventa y nueve ovejas.
¡Una oveja tiene que estar perdida!
¿Dices: ‘Sólo se perdió una’?
¡No! De inmediato sales a buscar la oveja perdida.

”Buscas, buscas y buscas.
Cuando por fin la encuentras,
te la llevas sobre los hombros.
Estás tan contento que llamas a tus amigos.
Les dices: ‘¡Miren! Encontré mi oveja perdida!’ ”

Entonces Jesús dio el significado especial
de esta historia.
"Dios es como el pastor — dijo Él —.
Dios ama a su pueblo.
Si una persona le desobedece,
es como la oveja perdida.
Cuando se arrepiente y vuelve a Dios,
Dios se alegra.
¡Dios es como un pastor
que ha encontrado su oveja perdida!"

La moneda perdida

“Había una vez una mujer que tenía
diez monedas de plata — dijo Jesús —.
A veces ella contaba sus monedas:
una, dos, tres, cuatro, cinco, seis, siete,
ocho, nueve . . . ¡diez monedas!
Un día le faltó una moneda.
Contó: una, dos, tres, cuatro, cinco, seis, siete,
ocho, nueve . . . ¿Sólo nueve?
¿Dónde pudiera estar la otra moneda?

”La mujer encendió su lámpara para poder ver debajo de los muebles.
La mujer barrió su casa buscando su moneda.
¡De repente la vio!
La mujer tomó la moneda y llamó a sus amigas.
‘Alégrense conmigo — dijo ella —. He hallado mi moneda perdida.’ ”

Dios es como esa mujer.
Quiere encontrar a las personas
que no lo están siguiendo.
Todos estamos perdidos sin Él.
Quiere que todas las personas lo sigan.
Cuando dejamos que nos encuentre,
¡Dios se alegra mucho!

El hijo perdido

"Un hombre tenía dos hijos — dijo Jesús —.
El hijo menor no estaba contento en su casa.
Él soñaba con una vida emocionante
en algún lugar lejano.
Un día el hijo menor
decidió irse de su casa.
Así que fue a donde estaba su papá.
'Una parte de tu tierra es mía — le dijo —.
Quiero que me des mi parte en dinero.'

”El padre le dio al hijo lo que le pidió.
El hijo lo tomó y se fue muy lejos.
Al principio estaba muy feliz.
El hijo hizo todo lo que quería hacer.
Fue a los lugares a donde deseaba ir.
Compró todo lo que quería comprar.

”Al poco tiempo ya había gastado todo su dinero.
No tenía dinero ni siquiera para comprar alimento.
Sólo consiguió un trabajo cuidando cerdos.
El hijo estaba triste.
Quería regresar a su casa.
Pero tenía miedo.
Tal vez su papá ya no lo quería.
Pero comenzó el largo viaje de regreso a su casa.
Por lo menos podría ser un sirviente
en vez de un hijo.

”Su papá lo vio llegar y corrió a recibirlo.
Lo abrazó y lo besó.
‘Hagamos una fiesta — dijo el papá —.
¡He encontrado a mi hijo que estaba perdido!’
Dios es como ese padre.
Él se alegra mucho
cuando alguien decide obedecerlo.”

El hombre agradecido

Diez hombres estaban muy tristes.
Estaban tristes porque estaban enfermos.
Estaban tan enfermos que tenían que vivir
lejos de sus familias.
También tenían que vivir lejos de sus amigos.

JESÚS SANA A DIEZ LEPROSOS, de Lucas 17

Un día los diez hombres supieron que Jesús
iba a pasar por donde ellos estaban.
Decidieron ir a recibirlo.
Cuando lo vieron, gritaron: "¡Jesús! ¡Jesús!"
Querían que Jesús los sanara.
Jesús los miró y les dijo:
— Vayan al sacerdote. Él debe verlos.

El sacerdote era el que podía decir
si ellos estaban sanos.
Él les podía decir si podían volver
a vivir con sus familias.
Así que ellos fueron a ver al sacerdote.

Mientras los hombres iban por el camino,
comenzaron a notar algo.
Se sentían mejor.
Y se veían mejor.
En realidad, ¡ellos estaban sanos!

¡Los hombres estaban muy emocionados!
Se dieron prisa para ir a ver al sacerdote.
Todos menos uno.
Uno de ellos recordó lo que debía hacer.
El hombre volvió a donde estaba Jesús
para darle las gracias.

Jesús y los niños

Las madres caminaban llevando a sus niños
en los brazos.
Los niños y las niñas saltaban
y corrían por el camino.
Todos estaban felices.
Iban a ver a Jesús.

BIENVENIDOS POR JESÚS, de Mateo 19, Marcos 10, Lucas 18

Cuando llegaron al lugar donde Jesús estaba, los amigos de Jesús les dijeron que se fueran.
— Ustedes no pueden venir a ver a Jesús — dijeron ellos —. Él está muy ocupado.
No tiene tiempo para ver a los niños.
Tiene cosas más importantes que hacer.

Jesús oyó lo que sus amigos les estaban
diciendo a los niños.
A Él no le gustó.
— Dejen que los niños vengan a mí — dijo Jesús —.
No se lo prohíban.

Así que los niños fueron a donde estaba Jesús.
Se acercaron las niñas.
Se acercaron los varoncitos.
Y hasta los bebitos.
Y Jesús los tomó en sus brazos.

Jesús no estaba demasiado ocupado para ellos.
Jesús los tomó en sus brazos.
Jesús los bendijo.
Jesús mostró que amaba a los niños.
Los niños son importantes para Él.

El mendigo ciego

Su nombre era Bartimeo.
No podía ver.
Bartimeo no podía trabajar como los demás hombres para tener dinero para comprar alimento.
Así que cada día,
él se sentaba al lado del camino.
Le pedía limosnas a la gente que pasaba por allí.

BARTIMEO, de Marcos 10

Un día Bartimeo oyó una multitud
que pasaba por el camino.
— Hay mucha gente — dijo él —. ¿Qué sucede?
— Jesús viene — le dijo alguien.

De inmediato Bartimeo comenzó a gritar: "¡Jesús!"
La gente miró a Bartimeo.
— ¡*Chsss*! — le dijeron —. ¡Cállate!
Pero él gritó con más fuerza: "¡Jesús! ¡Jesús!"

Jesús oyó a Bartimeo.
Él se detuvo.
— ¿Qué quieres que te haga? — le preguntó.
— Señor, Jesús — dijo Bartimeo —. ¡Por favor, haz que mis ojos vean!

Entonces Jesús le dijo:

— Porque creíste, te doy la vista.

De repente ¡Bartimeo pudo ver!

Pudo ver todos los colores y las formas.

Pudo ver a todas las personas.

Pudo ver a Jesús. ¡Qué alegría!

Él alabó a Dios.

Toda la gente también alabó a Dios.

Un hombre pequeño

Zaqueo era cobrador de impuestos.
Él recogía el dinero de los impuestos de la gente.
Era el dinero que la gente tenía que pagarle al rey.
Pero Zaqueo recogía más dinero
del que debía recoger.
Zaqueo guardaba el dinero para hacerse rico.
Nadie quería a Zaqueo.

Un día Jesús iba a pasar por la ciudad.
Todos fueron a ver a Jesús.
Aun Zaqueo fue a ver a Jesús.
Pero Zaqueo tenía un problema.
Era muy pequeño.
La gente le tapaba la vista.
Zaqueo no podía ver a Jesús.

Entonces a Zaqueo se le ocurrió algo.
Corrió delante de toda la gente.
Y se subió a un árbol.
Allí encontró el lugar perfecto para ver a Jesús.
Él vio llegar a toda la gente.

Cuando Jesús llegó al árbol, se detuvo.
Miró hacia arriba, vio a Zaqueo y le dijo:
— Zaqueo, bájate ahora mismo.
¡Necesito ir hoy a tu casa!

Zaqueo se bajó del árbol.
¡Qué alegría! ¡Jesús quería ir a su casa!
Zaqueo llevó a Jesús a su casa.
— Quiero hacer lo correcto — le dijo —.
Devolveré lo quc cobré de más para hacerme rico.
Jesús se alegró mucho.
Zaqueo había escogido hacer lo correcto.

Dos moneditas

El templo era grande y bello.
Mucha gente iba allí para adorar a Dios.
Había cajas grandes para echar dinero.
Estaban abiertas por la parte de arriba.
La gente ponía dinero en las cajas.
El dinero era para el templo.
Ese dinero era usado en la adoración a Dios.

LA OFRENDA DE LA VIUDA, de Marcos 12 y Lucas 21

Un día Jesús se sentó
frente a las cajas de las ofrendas.
Vio a la gente rica echar mucho dinero.
Luego una mujer pobre caminó hacia las cajas.
Ella echó dos moneditas.

Jesús miró a sus amigos.
— Esta mujer pobre echó más
que la gente rica — dijo Él —.
Porque a la gente rica
todavía le queda mucho dinero.
Pero esta mujer sólo tenía dos moneditas.
Ella no tenía más dinero.
La gente rica sólo dio parte
del dinero que tenían.
Pero ella dio todo lo que tenía.

El hombre en la piscina

Había una vez una piscina muy especial.
El agua estaba quieta la mayor parte del tiempo.
Pero a veces se movía y se movía.
Mucha gente enferma iba a esa piscina.
Cuando el agua se movía, los enfermos
se metían en la piscina.
El primero que entraba, quedaba sano.

JESÚS SANA A UN INVÁLIDO, de Juan 5

Un día Jesús estaba caminando junto a la piscina.
Allí vio a un hombre que no podía caminar.
El hombre había estado cojo por mucho tiempo.
Así que Jesús le preguntó:
— ¿Quieres ser sanado?

— ¡Claro que sí! — respondió el hombre —. Pero no tengo a nadie que me ayude a meterme en la piscina cuando el agua se mueve.

Entonces Jesús le dijo:

— Levántate, recoge tu cama y camina.

En seguida las piernas del hombre se sanaron.
¡Él se levantó y caminó!
Los líderes del pueblo estaban enojados.
Era el día de reposo.
Según ellos, el hombre no debía cargar su cama
en el día de reposo.
Pero Jesús les dijo:
— Dios siempre está trabajando, aun hoy.
Así que yo trabajo también.

El regalo de María

Jesús era amigo de María y Marta.
Ellas estaban preparando
una gran cena en su casa.
Era una cena para Jesús.
Habían invitado a todos sus amigos.

JESÚS UNGIDO, Juan 12

Esa noche muchas personas
se sentaron a la mesa.
Marta estaba ocupada como siempre.
Ella servía la comida.

María hizo una cosa que sorprendió a todos.
Ella tomó un perfume
que costaba mucho dinero
y lo derramó sobre los pies de Jesús.
Luego secó los pies de Jesús con su cabello.
¡Ah, qué rico! Toda la casa olía a perfume.

Uno de los amigos de Jesús se llamaba Judas.
— ¿Por qué María no vendió este perfume? — dijo él —. Ella nos podría haber dado el dinero y lo hubiéramos podido repartir entre los pobres.
Judas dijo eso porque él quería ese dinero.
No pensaba en los pobres.
Judas era el tesorero y tenía la bolsa de dinero.
Él sacaba dinero de la bolsa cuando nadie lo veía.
Gastaba el dinero en cosas para sí mismo.

— No molestes a María — le dijo Jesús —.
Ella me dio este perfume como un regalo,
porque no siempre
podré estar aquí con ustedes.

Den paso al Rey

Dos de los amigos de Jesús fueron a buscar un asno.
Jesús les dijo dónde podrían encontrarlo.
El asno estaba amarrado
junto a la entrada de la aldea.
Iba a ser un asno especial.
Jesús iba a montar en el asno.

LA ENTRADA TRIUNFAL, de Juan 12

Cuando los amigos de Jesús encontraron el asno,
se lo llevaron a Jesús.
Pusieron sus capas sobre el asno.
Jesús se montó en el asno.

Cuando la gente vio a Jesús, todos comenzaron
a gritar con gozo:
"¡Hosanna! Hosanna!
Bendito el Rey que viene
en el nombre del Señor!"

Algunas personas cortaron ramas de palmas
y las pusieron en el camino.
Otras personas ponían sus capas en el camino.
Todos alababan a Dios por las cosas maravillosas
que Jesús había hecho.

Jesús fue a la gran ciudad de Jerusalén.
La multitud lo seguía.
Pero los líderes del pueblo estaban enojados.
— ¿Ven que ahora todo el pueblo sigue a
Jesús? — dijeron —. Ya no nos siguen a nosotros.
Tenemos que hacer algo para deshacernos de Jesús.

Lavando los pies

Jesús sabía que no todos lo querían.
Sabía que los líderes estaban enojados con Él.
Estaban tan furiosos y sentían tanta envidia que querían matarlo. Jesús también sabía eso.

JESÚS SIRVE A SUS DISCÍPULOS, de Juan 13

Pero Jesús tenía sus amigos especiales:
Pedro, Andrés, Jacobo y Juan.
Felipe, Bartolomé, Simón y Mateo.
Jacobo, Tomás, Tadeo y Judas.
Ellos habían sido sus amigos
durante mucho tiempo.
Viajaban con Jesús.
Y Él les enseñaba muchas cosas.

Una noche todos se reunieron para comer.
Mientras estaban comiendo, Jesús se levantó.
Se puso una toalla como un delantal,
echó agua en una palangana
y comenzó a lavar los pies a sus amigos.

Cuando Jesús llegó a Pedro, Pedro le dijo:
— No puedo permitir que me laves los pies.
— Si no me dejas lavarte los pies, no me puedes seguir — le dijo Jesús.
— En ese caso — dijo Pedro —, ¡lávame las manos y también la cabeza!

Después que Jesús lavó los pies de sus amigos, les preguntó:

— ¿Entienden lo que he hecho? Les he mostrado cómo ser buenos los unos con los otros. Yo soy el Señor y Maestro de ustedes. Si yo puedo ser bueno y ayudarles, ustedes también pueden ser buenos. Pueden ayudarse los unos a los otros.

La Última Cena

A Judas se le ocurrió algo horrible.
Él sabía que los líderes religiosos estaban enojados con Jesús. Deseaban tomarlo preso.
Más que otra cosa, a Judas le interesaba el dinero.
Así que les dijo a los líderes religiosos que les mostraría dónde estaba Jesús.
Pero tenían que darle dinero.
Ellos le pagaron treinta piezas de plata.

EN EL APOSENTO ALTO, de Mateo 26

Una noche Jesús y sus amigos
estaban cenando juntos.
— Uno de ustedes está planeando hacerme
algo malo — dijo Jesús.
— ¿Quién es? — preguntó Juan.

— Es aquel a quien le doy pan — dijo Jesús.
Entonces le dio un pedazo de pan a Judas.
— Ve — le dijo Jesús —, haz lo que estás planeando hacer.
Judas se levantó y salió.
Sólo Judas y Jesús sabían la cosa horrible que Judas pensaba hacer.

Entonces Jesús dio gracias, y partiendo el pan, lo compartió con sus amigos.
Luego tomó la copa de vino, dio gracias, y también la compartió con sus amigos.
— Cada vez que coman pan y tomen vino de esta manera, acuérdense de mí — dijo Jesús.

— No estaré con ustedes
mucho tiempo — les dijo Jesús —.
Tengo que irme;
pero no se preocupen.
No tengan miedo. Un día volveré.
Ustedes son mis amigos.
Ámense los unos a los otros
como yo los he amado.

Una gran tristeza

Era de noche.
Jesús llevó a sus amigos a un huerto.
Allí Jesús oró.
Y allí Judas llevó a cabo su maldad.
Llevó soldados al huerto y les mostró
dónde estaba Jesús.
Jesús sabía que él lo iba a hacer.
Los soldados tomaron preso a Jesús.
Y Jesús fue con ellos.

Había llegado la hora en que Jesús debía morir.
Dios lo había planeado desde hacía mucho tiempo.
Cuando Jesús vino a la tierra,
sabía que eso iba a pasar.
Él vino para llevar el castigo por todos los pecados del mundo.
Y ya era la hora.
Los soldados lo llevaron
a donde estaban los líderes religiosos.

Esos líderes no creían que Jesús era el Hijo de Dios.
"Él tiene que morir — dijeron —, porque se llama
a sí mismo el Hijo de Dios."
Así que lo mataron en una cruz.
Fue un día triste para los amigos de Jesús.
No sabían que Dios había planeado una sorpresa
maravillosa para ellos.
¡No estarían tristes por mucho tiempo!

La sorpresa

Después que Jesús murió, un hombre rico llamado José se llevó el cuerpo de Jesús.
Lo puso en un sepulcro especial.
Tapó con una piedra enorme la entrada del sepulcro.
Los líderes religiosos enviaron guardas al sepulcro.
Querían estar seguros de que nadie se llevara el cuerpo de Jesús.

LA RESURRECCIÓN, de Mateo 27 y 28

Temprano en la mañana el domingo
hubo un terremoto.
Un ángel vino del cielo
y quitó la piedra del sepulcro.
Cuando los guardias lo vieron,
temblaron de miedo y se cayeron.

Una de las amigas de Jesús,
que se llamaba María,
fue al sepulcro temprano aquella mañana.
Ella vio que la piedra no estaba a la entrada,
y se asustó.
María vio un ángel sentado en la piedra.
— Jesús no está aquí — dijo el ángel —.
¡Él vive! Ve y diles a sus amigos
que lo van a volver a ver.

María ya no estaba triste.
Ahora sabía que Jesús no estaba muerto.
¡Él estaba vivo!
Ella corrió a dar la maravillosa noticia.
Al principio los amigos de Jesús no le creyeron,
¡pero ella decía la verdad!
Los amigos de Jesús volvieron a verlo.
¡Verdaderamente Jesús estaba vivo!

Pescado para el desayuno

Una tarde, Pedro, Jacobo y Juan,
y algunos otros amigos de Jesús,
estaban juntos a la orilla del mar de Galilea.
— Voy a pescar — dijo Pedro.
— Vamos contigo — dijeron los demás.

CON JESÚS RESUCITADO, de Juan 21

Ellos se subieron en su barca y tiraron
su red al agua.
Esperaron, esperaron y esperaron.
Toda la noche estuvieron esperando.
Pero no pescaron nada.

Temprano en la mañana, vieron a un hombre
de pie en la playa.
— ¿Han pescado algo? — les preguntó.
— No — dijeron ellos.
— Tiren su red al otro lado de la barca — les dijo
el hombre.
Así que ellos tiraron la red al otro lado.

De inmediato la red
se llenó de peces.
Juan miró a Pedro.
— ¡Es Jesús! — le dijo.
Pedro se emocionó.
Saltó al agua y nadó hasta la orilla.

¡Era Jesús!
Él hizo un fuego.
Jesús asó el pescado y preparó pan.
— Vengan a tomar desayuno — les dijo.
Ellos no tuvieron que preguntarle quién era.
Sabían que era su mejor amigo, Jesús.
¡Él estaba vivo!

Jesús regresa a su hogar

Jesús llevó a sus amigos a un lugar cerca de Betania.
Levantó las manos y los bendijo.
— Háblenles a otros acerca de mí — les dijo.
Entonces se fue al cielo.
Una nube lo escondió de la vista de sus amigos.
No podían verlo.
Ellos se quedaron mirando hacia arriba
por largo rato.

JESÚS ASCIENDE AL CIELO, de Mateo 28 y Hechos 1

De repente dos ángeles aparecieron junto a ellos.
— ¿Por qué todavía están mirando al cielo? — les preguntaron los ángeles —. Jesús subió al cielo; pero un día volverá.
Va a volver de la misma forma que lo vieron irse.
Entonces los amigos de Jesús volvieron a la ciudad con gozo en el corazón.

Jesús les había enseñado muchas cosas.
Ellos recordarían siempre que Él les había dicho:
"No se preocupen ni tengan miedo.
Tengan fe en Dios y tengan fe en mí.
En la casa de Dios hay muchos lugares donde vivir.
Yo voy a preparar lugar para ustedes.
Algún día volveré
y los llevaré para que estén conmigo."

Viento y fuego

Antes que Jesús regresara al cielo, les dijo a sus amigos que se quedaran en Jerusalén. Jesús les dijo que allí recibirían un regalo. Así que ellos esperaron en Jerusalén.

EL DÍA DE PENTECOSTÉS, de Hechos 2

Se acercaba un día de fiesta.
Era la fiesta de Pentecostés.
Mucha gente iba a Jerusalén para esa fiesta.
La gente iba de lejos y de cerca para celebrar ese día.
Los amigos de Jesús también celebraban ese día.

De repente se oyó un sonido
como de un viento fuerte.
Aparecieron como llamas de fuego
sobre los amigos de Jesús.
Entonces el Espíritu de Dios los llenó.
¡Ese era el regalo
que Jesús les dijo que esperaran!

Los amigos de Jesús comenzaron a hablar en idiomas que no habían aprendido.
La gente que estaba allí de otros países oyó a los amigos de Jesús.
Las personas podían entender los idiomas que los amigos de Jesús estaban hablando.
Eran los mismos idiomas que ellos hablaban.
¡Qué sorprendidos estaban todos!

— Esto es lo que Dios nos prometió — dijo Pedro.
Entonces les habló de Jesús.
Mucha gente creyó en Jesús aquel día.

Pedro, Juan y el mendigo

Había un hombre que no podía caminar.
Todos los días lo sentaban a la puerta del templo.
Él pedía limosnas a la gente
para poder comprar alimento y ropa.

SANADO EN EL NOMBRE DE JESÚS, de Hechos 3

Una tarde Pedro y Juan fueron al templo.
El mendigo los vio
y les pidió dinero.
Cuando Pedro y Juan lo miraron,
el mendigo pensó que
le iban a dar dinero.

— No tenemos oro ni plata — dijo Pedro —,
pero con gusto te damos lo que tenemos.
En el nombre de Jesús,
levántate y camina.
Pedro tomó al hombre de la mano
y lo ayudó a levantarse.

De inmediato los pies del hombre
se fortalecieron.
Caminó y saltó.
El hombre entró al templo alabando a Dios.

Cuando la gente lo vio, se sorprendió.
— Es el poder de Jesús que sanó a este hombre — dijo Pedro.
Entonces todos alabaron a Dios porque el cojo podía caminar.

Una luz brillante

Había un hombre malo llamado Saulo.
Él odiaba a todos los que amaban a Jesús.
Los sacaba de sus casas
y los ponía en la cárcel.
Saulo viajaba a muchos lugares buscándolos.
En uno de sus viajes fue a la ciudad de Damasco.

SAULO SE CONVIERTE, de Hechos 9

Mientras iba de camino, de repente una luz
brilló desde el cielo.
Brilló alrededor de Saulo.
Era tan brillante que Saulo cerró los ojos.
— Saulo, Saulo, ¿por qué estás haciendo
estas cosas malas? — llamó una voz.
¡Qué miedo le dio a Saulo!

— ¿Quién eres? — preguntó Saulo.
— Yo soy Jesús — dijo la voz —.
Levántate y ve a la ciudad.
Allí sabrás lo que tienes que hacer.
Y Saulo se levantó.
Pero cuando abrió los ojos, no podía ver.
Sus amigos lo llevaron a la ciudad.

En Damasco vivía un buen hombre llamado Ananías.
Jesús le habló en una visión y le dijo:
“Ve y busca a Saulo.”
Así que Ananías fue a donde estaba Saulo.
Él tocó a Saulo y le dijo:
— Jesús me envió para que puedas volver a ver.
Jesús quiere que tú seas uno de sus amigos.

En ese momento Saulo
recobró la vista.
Se levantó y fue bautizado.
Ya no era un hombre malo.
Después todos lo llamaban Pablo.
Y por el resto de su vida,
Pablo les habló a otros de Jesús.

Pablo y Silas en la cárcel

Pablo tenía un buen amigo llamado Silas.
Pablo y Silas viajaban hablando acerca de Jesús.
Muchas personas creían lo que ellos decían.
Esas personas fueron seguidores de Jesús.
Todos ellos fueron llamados cristianos.
Pero algunas personas no creyeron.
A esas personas no les gustaban los cristianos.

En una ciudad, los que no seguían a Jesús echaron a Pablo y a Silas en la cárcel. Pero ellos no se preocuparon. Sabían que Dios estaba con ellos en cualquier lugar. ¡Aun en la cárcel! Ellos cantaban y oraban en la prisión.

Los otros presos los escuchaban cantar.
Cerca de la medianoche, hubo un terremoto.
¡Las cadenas de los prisioneros se cayeron!
¡Y las puertas de la cárcel se abrieron!
El carcelero se levantó muy asustado.
Tenía miedo de que todos se hubieran escapado.

— Todos estamos aquí — le dijeron Pablo y Silas.
El carcelero no podía creerlo.
Les preguntó a Pablo y a Silas qué hacer.
— Cree en Jesús — le dijeron.
Y él creyó.
Sacó a Pablo y a Silas de la cárcel.
Luego él y su familia fueron bautizados.
Ahora tenían gozo y amor en su corazón.

La puerta al cielo

Juan era uno de los mejores amigos de Jesús.
Les habló a muchas personas acerca de Él.
Muchas personas comenzaron a seguir a Jesús.
A los líderes religiosos no les gustó eso.
Enviaron a Juan a una isla para que
no pudiera hablarle a nadie de Jesús.

UN CIELO NUEVO Y UNA TIERRA NUEVA, de Apocalipsis 1-22

Un día Juan oyó una voz.
Era como el sonido de una trompeta.
Juan miró y vio a Jesús.
Jesús era brillante como el sol.
— No tengas miedo — le dijo Jesús —.
Escribe las cosas que ves.

Entonces Juan vio una puerta abierta en el cielo.
Vio el trono de Dios con un arco iris
alrededor del trono.
De día y de noche, unos seres que tenían alas decían:
“Santo, santo, santo es el Señor Dios Todopoderoso;
que era, que es, y que ha de venir.”
Juan vio las cosas que van a pasar después.
Vio que al diablo y a sus ayudantes
los echaron al lago de fuego.

Juan vio un cielo nuevo
y una tierra nueva.
Vio una nueva ciudad de Dios.
Una voz fuerte dijo:
“Ahora el pueblo de Dios vivirá con Dios.
No necesitará sol ni luna.
La gloria de Dios les dará luz.
No habrá más muerte ni llanto ni dolor.
El pueblo de Dios vivirá con Él para siempre.”
Entonces Jesús dijo: “Yo vengo pronto.”
Y Juan respondió: **“Sí, ven, Señor Jesús.”**